LES DOSSIERS

Pier
Dès
com
des
Dési
l'enregistrement et à la prise de son, puis à la mise en ondes.
C'est Jacques Antoine qui lui donne sa chance en 1955 avec l'émission *Vous êtes formidables*.
Parallèlement, André Gillois lui confie l'émission *Télé-Match*.
A partir de ce moment, les émissions vont se succéder, tant à la radio qu'à la télévision.
Pierre Bellemarc ayant le souci d'apparaître dans des genres différents, rappelons pour mémoire :
Dans le domaine des jeux : *La tête et les jambes*, *Pas une seconde à perdre*, *Déjeuner show*, *Pièces à conviction*, *Le Sisco*, *Le Tricolore*.
Dans le domaine journalistique : *10 millions d'auditeurs*, à R.T.L.; *Il y a sûrement quelque chose à faire*, sur Europe 1.
Les variétés avec : *Pleins feux*, sur la première chaîne.
Interviews avec : *Témoins*, sur la deuxième chaîne.
Et enfin, et c'est peut-être le genre qu'il préfère, les émissions où il est conteur : *C'est arrivé un jour*, sur TF 1; sur Europe 1, *Les Dossiers extraordinaires*, *Les Dossiers d'Interpol* et *Histoires vraies*.

Jacques Antoine est né le 14 mars 1924 à Paris, fils d'André-Paul Antoine, auteur dramatique, et petit-fils d'André Antoine, fondateur du Théâtre-Libre.
Animateur depuis 1949 de sociétés de production de programmes de radio et de télévision, et directeur des programmes de Télé-Monte-Carlo, Jacques Antoine est, avant tout, un créateur. Il est donc impossible d'énumérer les programmes dont il est l'inventeur, seul ou en collaboration. Trois genres. Les jeux : de *La tête et les jambes* au *Schmilblic*, du *Tirlipot* à *La Bourse aux idées*, du *Tiercé de la chanson* à *Seul contre tous*, *Les Incollables*, *La Course autour du Monde*, le *Francophonissime*, etc. Les émissions d'un style très personnel et n'entrant dans aucune catégorie définie, comme *Le Club des rescapés*, *Monsieur B. court toujours*, *C.Q.F.D.*, *Vous êtes formidables*, *Il y a sûrement quelque chose à faire*...

Suite au verso

Enfin, les émissions qui requièrent les qualités d'un écrivain : soit pour des feuilletons à un personnage *(Peter Gay, Les Tyrans sont parmi vous, Paola Pazzi)*, soit destinées à un conteur tel que Pierre Bellemare *(Histoires vraies, Les Contes du pot de terre contre le pot de fer, Les Dossiers extraordinaires, Les Aventuriers, Les Nouveaux Dossiers extraordinaires, Les Dossiers d'Interpol* sur Europe 1).

ŒUVRES DE JACQUES ANTOINE et PIERRE BELLEMARE

Dans le Livre de Poche :

LES DOSSIERS EXTRAORDINAIRES
DE PIERRE BELLEMARE.
LES NOUVEAUX DOSSIERS EXTRAORDINAIRES
DE PIERRE BELLEMARE.
LES AVENTURIERS.
LES AVENTURIERS
(nouvelle série).
LES DOSSIERS D'INTERPOL, tome I.
LES DOSSIERS D'INTERPOL, tome II.
LES DOSSIERS D'INTERPOL, tome IV.
LES DOSSIERS D'INTERPOL, tome V.
HISTOIRES VRAIES, tome I.
HISTOIRES VRAIES, tome II.
C'EST ARRIVÉ UN JOUR, tome I.
C'EST ARRIVÉ UN JOUR, tome II.

PIERRE BELLEMARE
JACQUES ANTOINE

Les Dossiers d'Interpol

Tome III

EDITION N° 1

© Édition n° 1, 1979.

AVERTISSEMENT AUX LECTEURS

Ces textes ont été adaptés de l'émission « Interpol » de Pierre Bellemare et Jacques Antoine, diffusée chaque jour sur Europe 1.

Les auteurs ont demandé à l'O.I.P.C.-Interpol de les aider de ses conseils. Cette supervision n'a porté que sur les seules modalités techniques de la coopération internationale. En effet, les dossiers de cet organisme étant strictement confidentiels, les auteurs se sont inspirés pour chaque affaire des articles parus d'abondance dans la presse mondiale.

Pour des raisons morales autant que juridiques (les lois sur la prescription sont fort différentes selon les pays) et pour que ces récits puissent entrer dans le cadre de cet ouvrage, consacré à Interpol, les auteurs ont dû modifier certains noms propres, certains noms de lieux, voire certaines circonstances : des affaires paraissent donc rigoureusement inchangées, d'autres ne peuvent être que partiellement reconnues, d'autres enfin ne permettent aucune identification mais sans qu'y soient altérés la psychologie des personnages, l'esprit et le climat.

QU'EST-CE QU'INTERPOL ?

LES extraordinaires facilités de déplacements offertes par la vie moderne, l'accroissement considérable des populations, des échanges et des moyens de paiement, ont multiplié les occasions de criminalité « internationale » tandis que les frontières constituent comme par le passé une protection pour les malfaiteurs et un obstacle pour les polices.

Peut être considérée comme infraction internationale toute activité criminelle qui concerne plusieurs pays, soit par la nature des actes commis, soit en raison de la personnalité ou de la conduite de son ou de ses auteurs.

La qualification de crime international n'est pas liée à la gravité de l'acte criminel : un malfaiteur qui a volé dans les magasins, mais dans plusieurs pays successivement, est un criminel itinérant donc international.

Mais il n'existe ni de code ni de règle pénale internationaux et ce qui est considéré ici comme un crime grave est ailleurs anodin. De plus, dans chaque pays, la police est organisée de manière différente et ses services, souvent nombreux, sont articulés entre eux de façon complexe. Ici, la police est nationalisée ; là, elle relève des autorités locales. Ici, elle a une compétence globale ; là, les fonctions policières sont réparties entre plusieurs services. Donc comment serait-il possible à un policier d'une ville du Pérou de faire effectuer, en cas de nécessité, une recherche dans tous les pays d'Asie ? Comment pourrait-il savoir quels doivent être ses interlocuteurs étrangers dans tous les autres pays du monde ?

C'est pourquoi les responsables de la protection des citoyens de plusieurs pays, cherchant à lutter contre la criminalité internationale, ont créé en 1923 un organisme de coopération policière : l'Organisation Internationale de Police Criminelle dont le siège fut d'abord à Vienne.

Lorsque le Secrétariat général s'installa à Paris en 1946, on choisit comme adresse télégraphique le vocable : « Interpol » qui fut adopté en 1947 pour chaque Bureau central national d'Interpol. Les médias utilisèrent peu à peu ce mot pour désigner l'ensemble du dispositif de coopération. Dans les journaux, à la radio, fleurirent les expressions « Interpol Londres » a saisi « Interpol Rome » ou bien : « Interpol s'occupe de l'affaire X... »

L'O.I.P.C.-Interpol doit assurer l'assistance réciproque la plus large de toutes les autorités de police criminelle et développer toutes institutions contribuant à la prévention et à la répression des infractions de droit commun. Cela dans le cadre des lois existant dans les différents pays membres et selon l'esprit de la Déclaration Universelle des Droits de l'Homme.

Toute activité ou intervention dans des questions ou affaires présentant un caractère politique, militaire, religieux ou racial est rigoureusement interdite à l'Organisation.

A ce jour, 127 pays ont donc désigné leur organisme officiel de police dont les fonctions sont compatibles avec les activités de l'O.I.P.C. pour en être membres.

Il a fallu élaborer certaines méthodes adoptées en commun, résoudre des questions juridiques, linguistiques, etc., et, pour assurer une « permanence », une continuité et des moyens d'action, créer un Secrétariat général et les Bureaux centraux nationaux d'Interpol.

Une assemblée générale et un comité exécutif dirigent donc l'O.I.P.C. tandis que Secrétariat général et Bureaux centraux nationaux sont les rouages techniques permanents qui en assurent le fonctionnement quotidien.

Le rôle des B.C.N. est capital : ils sont compétents pour demander aux polices des autres pays des échanges d'informations, des recherches, des identifications, des auditions, des arrestations. A l'inverse, à la demande des autres pays, ils déclenchent toutes opérations policières sur leur propre territoire, en fonction de leur législation nationale. Ils assurent aussi la participation active de leur pays à la coopération internationale en faisant appliquer chez eux les résolutions adoptées par l'O.I.P.C. et veillent au respect des statuts.

Les B.C.N. peuvent régler rapidement les problèmes posés quotidiennement, y compris les problèmes linguistiques. Par exemple : si n'importe quel détective local est en présence d'un cas qui comporte des développements internationaux, il s'adresse au service désigné dans son propre pays comme « B.C.N.-Interpol »... et l'affaire suivra alors son cours partout à travers le monde.

Les B.C.N.-Interpol entretiennent entre eux des rapports directs, exempts de formalisme, mais doivent rester en liaison étroite avec le Secrétariat général qu'ils informent de leurs activités et dont ils demandent, le cas échéant, l'intervention.

Le Secrétariat général Interpol à Saint-Cloud près de Paris est une administration internationale ne relevant d'aucun gouvernement particulier. Il dispose de deux fichiers principaux : un fichier alphabétique et un fichier phonétique. Ils sont complétés par des fichiers spéciaux (noms des bateaux, immatriculation des voitures suspectes, numéros des passeports utilisés par des individus surveillés, etc.). Les fiches renvoient à des dossiers « individuels » ou à des dossiers « d'affaires » qui contiennent la documentation proprement dite.

C'est aux archives spécialisées que sont classées les empreintes digitales des malfaiteurs internationaux. On y trouve, en outre, un fichier photographique.

Bien entendu, chaque Bureau central national d'Interpol dispose d'une station radio-électrique intégrée dans le système de télécommunications de la police de son pays. Les B.C.N. sont groupés par zones géographiques autour d'une station régionale, elle-même reliée à une station centrale.

La station centrale du Secrétariat général assure la liaison entre toutes les stations régionales mais aussi la fonction de « station régionale » pour le réseau Europe-Méditerranée.

Généralement, Interpol communique en morse parce que ce système, le moins cher, le plus fiable, permet d'être reçu simultanément par de nombreuses stations, élimine les difficultés de langage, les opérateurs recevant et émettant des messages même s'ils ne les comprennent pas. Mais certains B.C.N. disposent de moyens plus sophistiqués.

Pour diffuser le signalement des personnes, Interpol utilise des notices signalétiques portant un coin rouge s'il s'agit d'une demande d'arrestation ; bleu s'il s'agit d'une demande de renseignements ; vert s'il s'agit de prévenir des agissements d'un malfaiteur international ; noir enfin s'il s'agit d'un cadavre à identifier.

Bien sûr, tout ceci est très schématique car l'activité d'Interpol est multiple : elle va de la diffusion de formulaires pour l'identification des victimes des grandes catastrophes à la diffusion d'un fichier de plus de mille marques de machines à écrire différentes, permettant d'identifier une machine d'après les missives qu'elle a frappées, en passant par une bibliographie sur les armes à feu ou une brochure spéciale à feuillets mobiles décrivant par pays les systèmes et les mécanismes de numérotation des plaques d'identification des véhicules automobiles, etc.

Comme on le voit, Interpol n'est pas une « super-brigade internationale » composée de « super-détectives » mais un système de coopération dans lequel chaque pays, responsable chez lui, agit avec ses hommes à lui, ses propres services, ses propres lois et ses propres méthodes.

Nous remercions M. BOSSARD, Secrétaire général et le Detective Chief-superintendant KENDALL, directeur de la Division de Police d'avoir bien voulu répondre aux questions de notre documentaliste Gaëtane BARBEN sur les modalités de la coopération qui se développe lorsqu'un policier obscur, quelque part sur notre planète où le soleil ne se couche jamais, met en branle cette grande machine à moudre le quotidien.

Jacques ANTOINE - Pierre BELLEMARE.

LE CYCLISTE
APPUYÉ SUR UN COUDE

Le pompiste, un grand et bel homme blond, d'une trentaine d'années, sourit en frottant délicatement le pare-brise de la voiture, un peu comme s'il caressait la jolie femme assise à l'intérieur.

Annette se sent tout de suite concernée par ce regard. On en croise bien d'autres dans la journée des regards, mais il y a ceux qui comptent et ceux qui glissent...

A quarante ans, Annette dirige une usine, et elle en croise des regards, par centaines : obséquieux ou agressifs, dédaigneux ou concupiscents, ils l'émeuvent rarement. Alors pourquoi celui de ce pompiste ? Pourquoi le sourire gentil de ce pompiste lui inspire-t-il une telle sympathie, une telle confiance ?

Le pompiste Hans Meyer semble traiter sa belle voiture avec un soin tout particulier.

Est-ce parce que cette grande femme rousse aux yeux très clairs lui plaît ? Est-ce sa distinction qui le séduit ? Ce mélange de réserve et de simplicité qui l'étonne ? Parce que la voiture est particulièrement somptueuse, alors qu'en 1955 elles restent encore rares à Cologne. Il est trop tôt pour en décider.

Quelques instants plus tard, d'un regard rêveur et s'essuyant les mains, Hans, le beau pompiste, regarde s'éloigner la voiture d'Annette qui n'a pas prononcé un mot.

Une femme pareille se remarque, et le patron de la station-service n'est pas étonné des questions que son employé lui pose, car il n'est là que depuis quelques jours.

« Oui, sourit-il, c'est une cliente, elle vient deux trois fois par semaine. Oui, ses bijoux doivent être vrais, car c'est une femme très riche. Non je ne pense pas qu'elle soit mariée. Ce qu'elle fait de ses journées ? Je n'en ai aucune idée, mais je suppose qu'elle travaille puisqu'elle dirige des usines. »

A chaque retour d'Annette, la main du pompiste sur la voiture est de plus en plus caressante. Ils échangent quelques mots : il a une belle voix enjouée et grave. Elle a un timbre clair, un langage simple et précis.

Un vendredi soir du mois de mai, alors qu'elle fait le plein à la nuit tombante, Hans Meyer a délaissé sa combinaison orange pour un costume de tweed léger, assez élégant ma foi.

« Bonjour, madame. Le plein ?
— Oui. »
En lui tendant les clefs, Annette observe la silhouette du pompiste et pense que, décidément, elle a le coup de foudre. Elle demande machinalement :
« Vous avez fini votre journée ?
— Oui, madame... Je m'apprêtais à partir pour le week-end.
— Moi aussi.
— Ce soir ?
— Non, ce soir je rentre chez moi... Je prends l'avion demain pour des vacances aux Baléares. »
Le plein étant fait, Annette roule une cinquantaine de mètres, puis elle observe dans son rétroviseur qu'Hans Meyer, ayant saisi une petite valise, s'est posté au bord de la route... Elle revient en marche arrière jusqu'à sa hauteur, abaisse sa vitre.
« Vous attendez l'autobus ?
— Oui, madame.
— Où allez-vous ?
— A Bad Godesberg.
— Si vous voulez, je vous dépose. »
Bien entendu, le pompiste hésite : il ne veut pas la déranger. Et bien entendu elle insiste. Il suffit de quelques minutes parfois pour raconter sa vie. Les parents d'Hans Meyer étaient riches mais nazis. Tous ses biens ont été confisqués. Il est ingénieur chimiste. La porcelaine est sa spécialité, et il est plein de son sujet. S'il

occupe cet emploi de pompiste, c'est qu'il lui laisse l'esprit libre et certains loisirs pour préparer une affaire. Il attend l'héritage d'un de ses parents qui vit en Amérique du Sud pour investir dans une usine de porcelaine en Espagne.

Annette, elle, a hérité des usines de son père mort il y a trois ans. Elle les dirige avec un fondé de pouvoir.

La nuit est maintenant presque tombée, la lourde voiture roule très vite sur une route sinueuse. Les virages apparaissent au dernier moment dans la lueur des phares. Mais Annette, qui conduit très bien, semble parfaitement maîtresse de son véhicule.

Brusquement, elle donne un coup de volant et s'écrie :

« Mon Dieu ! »

Trop tard : l'espace d'un éclair, Hans Meyer a entrevu un cycliste qui, roulant à droite, a fait une embardée juste au moment où la voiture allait le croiser. Il y a un long raclement métallique le long de la carrosserie.

Dans le rétroviseur, il semble qu'on aperçoive, derrière, une masse allongée sur la route qui remue faiblement.

Annette s'arrête sur le bas-côté et cache son visage entre ses mains en gémissant :

« Mon Dieu, mon Dieu, qu'est-ce que j'ai fait ? »

Hans Meyer, d'un geste du bras, appuie vigoureusement sur son épaule :

« Restez là... calmez-vous... Ce n'est peut-être pas grave, je vais voir. »

Dans le rétroviseur, Annette voit l'homme marcher vers le cycliste qui semble s'être relevé sur un coude... Mais, lorsque Hans se penche sur lui, il lui semble que le cycliste retombe. Elle se cache à nouveau les yeux. Le cycliste est blessé, c'est certain, peut-être mortellement. Elle pâlit, se met à trembler comme une feuille, prête à se trouver mal. Elle n'ose plus regarder dans le rétroviseur, et le temps lui paraît infiniment long. Pourtant elle espère encore.

Enfin, elle entend les pas de Hans Meyer revenir près de la voiture. Celui-ci ouvre la portière droite et lui dit :

« Poussez-vous. Je vais conduire. Mais je ne peux pas conduire bien loin, car je n'ai pas de permis. »

Comme la grosse voiture silencieuse démarre, Annette, effondrée, ose à peine demander :

« Alors, c'est grave ?
— Il est mort. Il s'est fracassé le crâne sur la route. »

Annette s'est évanouie. Lorsqu'elle reprend connaissance, la voiture est arrêtée devant une auberge, et Hans la secoue doucement :

« Allons... du courage... Vous ne pouvez pas rester dans cet état. Vous allez prendre un alcool. »

Dans l'auberge pleine à craquer, toutes les

tables sont occupées. Des clients attendent devant le bar. Annette et Hans sont tassés dans un petit coin. Sur le conseil de Hans, elle avale d'un trait un verre de cognac. Il lui en fait immédiatement servir un autre.

« Qui était-ce ? demande-t-elle.

— Un gosse d'une vingtaine d'années. Il avait l'air d'un ouvrier. »

A l'autre bout du bar est posé un téléphone qu'Annette regarde avec des yeux horrifiés.

« Il faut prévenir la police, dit-elle.

— Oui. Enfin, peut-être. Je ne suis pas sûr. Je crois qu'il faut réfléchir un peu. »

Annette a bu d'un trait le deuxième cognac. Le choc qu'elle a subi et les deux énormes lampées d'alcool font qu'elle ne sait plus du tout où elle en est.

Ces gens qui parlent très fort, qui s'esclaffent, qui mangent, qui boivent. Le patron de l'hôtel qui, sans arrêt, mobilise le téléphone pour retenir des chambres alentour, car il n'en a plus une de libre. Cet inconnu qui l'a prise par les épaules et contre la poitrine duquel elle finit par laisser retomber sa tête. L'image de cette masse étendue sur la route, cet homme relevé sur un coude et qui s'effondre. Tout ça ne peut être qu'un cauchemar.

Au moment où elle murmure : « Vous ne croyez pas qu'il faudrait prévenir la police ? », Hans Meyer porte à ses lèvres un troisième cognac.

Puis elle l'entend lui parler calmement, presque tendrement et à voix basse :

« Je ne sais pas s'il faut prévenir la police. Ça ne le fera pas revivre. Par contre, imaginez les ennuis que vous allez subir. D'autant plus que vous étiez avec moi, un inconnu, on soupçonnera toutes sortes de choses. Alors, pourquoi vous dénoncer, puisque vous n'êtes pas vraiment coupable. Encore une fois, ça ne le fera pas revivre. D'ailleurs, nous avons tout le temps. Nous regarderons le journal demain matin. La police conclura peut-être qu'il est tombé tout seul et qu'il s'est fracassé le crâne sur la route. Sinon, il sera encore temps de vous dénoncer. Et, si la police vous retrouvait d'elle-même, vous pourriez encore prétendre ne pas vous en être aperçue. Vous ne seriez pas la première. »

Dans l'état d'esprit où elle est, Annette se laisse facilement convaincre. Elle a tellement confiance dans cet homme, c'est la première fois qu'elle a autant confiance dans un homme. D'ailleurs, elle en est à son quatrième cognac, et elle est complètement ivre. Tellement ivre qu'elle ne rentre pas chez elle. Ils passent la nuit dans un petit hôtel des environs, dans la même chambre. Car il n'y a plus de place nulle part, de toute façon.

Le lendemain matin, en se réveillant, Annette reprend doucement ses esprits. Hans Meyer pose sur son lit le plateau du petit déjeuner... et elle se souvient : le cycliste allongé sur la route et dressé sur un coude qui s'effondre, les cognacs, ce téléphone qu'elle n'a pas décroché. Elle comprend qu'elle est devenue la maîtresse de ce garçon inconnu, et c'est la panique, l'épouvante même. Mais l'homme est là, qui lui sourit si gentiment, comme il lui a souri le premier jour à travers le pare-brise, qui lui caresse doucement les cheveux.

« Ne t'inquiète pas, tout va bien. J'ai lu les journaux. Il s'appelait Friedriech Stein. C'était un ouvrier de chez A.E.G. La police soupçonne bien qu'il s'agit d'un accident, mais elle n'a relevé aucun indice. J'ai regardé la voiture, c'est une chance, il n'y a aucune trace. Simplement le long de la carrosserie, la rayure de la poignée en caoutchouc du guidon... Mais j'ai pu l'effacer. On ne voit plus rien. Il ne faut rien changer à ce que tu avais prévu, il faut partir pour les Baléares.

— Ne m'abandonnez pas... »

Hans Meyer sourit avec amusement.

« On se tutoyait cette nuit.

— Alors, je t'en prie, ne m'abandonne pas, pas maintenant.

— Mais bien sûr, je ne t'abandonne pas. »

Et c'est ainsi que le samedi matin Annette et Hans Meyer s'envolent de l'aéroport de Francfort pour les Baléares, et c'est là que leur histoire va devenir horrible.

Aux Baléares, après quelques jours dans le soleil, dans les bras de cet homme qui lui plaît tant, dans le parfum des amandiers et gorgée de sangria pour mieux oublier, les souvenirs commencent à s'estomper dans l'esprit d'Annette. Elle a tué un jeune cycliste, certes, mais elle n'en est pas vraiment responsable. C'est seulement vis-à-vis de la loi que son crime est grave. Plus que grave d'ailleurs : honteux ! Aux yeux de son entourage et du personnel de ses usines, il passerait pour une lâcheté impardonnable. Aussi, à présent qu'elle est heureuse ou en passe de l'être, l'idée de se dénoncer devient doucement insupportable. Elle n'ose plus retourner en Allemagne ni même téléphoner.

De son côté, Hans attend patiemment, puis, lorsqu'il juge le moment favorable, ose enfin :

« Annette, excuse-moi de te parler de cela, mais je n'ai plus un sou.

— Non, chéri, c'est moi qui m'excuse, je n'y pensais pas. »

Il suffit d'un chèque, d'une visite à la banque, et Annette remet à Hans l'argent qu'il voulait. C'est simple. C'est si simple qu'Hans renouvelle sa demande quelques jours plus tard. Cette fois, il s'agit d'une somme plus forte destinée à un acompte à verser sur la fameuse usine de porcelaine en Espagne. Il la remboursera lorsqu'il touchera son héritage, c'est convenu entre eux.

Puis les demandes se font de plus en plus massives, impératives, énormes. Annette finit par comprendre, plus ou moins, qu'il s'agit d'une forme de chantage. Mais elle n'a plus la lucidité d'esprit nécessaire pour y résister.

Quand Hans Meyer lui dit : « C'est la dernière fois, je te jure que c'est la dernière fois », elle le croit, mais quelques jours plus tard il recommence. Un matin, deux mois après l'accident, en lui apportant le petit déjeuner, il a perdu son sourire :

« J'ai été à Cologne, la police a retrouvé ta trace, et hier soir, lorsque nous étions au restaurant, ton fondé de pouvoir a voulu te parler, sans doute à cause de ça. Il faut partir. »

Docilement, Annette part avec Hans Meyer pour l'Espagne. On suit sa trace à Séville trois mois plus tard, à Malaga six mois après, puis au Maroc six mois plus tard. Là, un officier de police qui enquête à la demande d'Interpol exprime le désir de la rencontrer. Abandonnant leurs bagages, ils s'enfuient précipitamment sans payer l'hôtel.

D'ailleurs, Annette n'a plus d'argent. Mais il lui reste les bijoux qu'elle portait. Elle les vend, grâce à quoi on les retrouve trois ans plus tard à Khartoum, au Soudan ! Pourquoi Khartoum, pourquoi le Soudan, mystère.

Annette n'y est plus que l'ombre d'elle-même. Amaigrie, malade, vêtue presque misérablement, elle n'a plus un sou et c'est, bien entendu, le moment choisi par Hans Meyer pour la quitter.

Lorsqu'un policier anglais — car le Soudan

est alors anglais —, les recherchant à la demande d'Interpol, vient contrôler leur identité, il ne trouve que la malheureuse Annette couchée sur un grabat.

« Pouvez-vous passer dans une heure à la police. Sans faute ? Bien. Alors à tout à l'heure. »

Dès le départ du policier, Annette s'ouvre les veines avec des morceaux de verre. Ne la voyant pas venir, le policier retourne auprès d'elle et appelle une ambulance.

A Khartoum, heureusement, le consul d'Allemagne est un brave et gros bonhomme dont la femme est médecin à l'hôpital. Elle se prend de pitié pour Annette.

« Georges, dit-elle à son mari, tu devrais faire quelque chose pour cette femme. Elle a dû être très belle, très riche, ce n'est pas normal. Il y a quelque chose de bizarre dans sa vie. »

Dans la chambre étouffante d'Annette, le ventilateur accroché au plafond et noirci de chiures de mouches a depuis longtemps cessé de tourner. Dans un fauteuil en osier dont les quatre pattes écartées semblent vouloir céder sous son poids, le brave gros consul fume sa pipe. Il regarde cette grande femme aux cheveux grisonnants allongée sur un grabat qui vient enfin de lui raconter son histoire.

« Je crois que vous avez perdu toute faculté de juger clairement votre situation, dit-il enfin.

Laissez-moi m'occuper de vous. Évidemment, vous allez avoir des ennuis avec la police. Il sera très pénible de retourner chez vous. Mais rien de tout ça n'est comparable à la vie qui vous attend ici si vous vous obstinez dans votre mutisme. Vous avez certainement des biens à réaliser qui vous permettraient une vie décente, et rien ne vous obligera à retourner vivre en Allemagne. En compensation que risquez-vous ? Une peine de prison qui ne pourra excéder quelques mois. Surtout si vous manifestez votre remords en vous dénonçant vous-même. Les juges penseront que vous avez assez payé comme ça. »

De retour à son bureau, la première chose que fait le brave consul est de téléphoner au fondé de pouvoir d'Annette. Celui-ci tombe des nues.

« Quoi ! Comment ? Annette est à Khartoum, au Soudan ? On la croyait morte. Qu'est-ce qu'elle fait là-bas ?

— Je vous l'expliquerai. Mais avant tout, quelle est sa situation en Allemagne ? Est-ce que vous pouvez lui envoyer de l'argent de toute urgence ?

— S'il s'agit de grosses sommes, c'est difficile. Elle a fait de telles ponctions que j'ai dû négocier la reprise de ses affaires par les banques... Évidemment, si c'est un petit dépannage, c'est toujours possible.

— Quelles sont les charges qui ont été retenues contre elle ?

— Les charges, quelles charges ? Je ne comprends pas.

— Mais elle a bien été recherchée par Interpol !

— Ce n'est pas elle qu'Interpol recherchait, c'est l'homme qui était avec elle. Il lui a fait faire des sorties de capitaux inconsidérées. Après enquête, j'ai compris que c'était un escroc professionnel, et c'est moi qui l'ai fait rechercher par Interpol.

— Mais l'accident de voiture...

— Quel accident de voiture ?

— Enfin, elle a tué un cycliste ! »

Devant l'étonnement manifeste du fondé de pouvoir, le brave consul se voit contraint de lui raconter toute l'affaire en lui indiquant le nom de la victime, Friedriech Stein, vingt ans, ouvrier chez A.E.G.

« Je n'ai jamais entendu parler de ça, déclare le fondé de pouvoir, je vais me renseigner. »

Quelques heures plus tard, le fondé de pouvoir rappelle.

« Wilheim Munch, dit-il, a bien été victime d'un accident de la circulation aux environs de Cologne en mai 1955... mais c'était un accident tout à fait anodin, et il se porte comme le pont Neuf.

— Ah ! bon. Je vous remercie, je reprendrai contact avec vous. »

Le consul repose le téléphone, s'éponge le front et, entrevoyant la vérité, murmure :

« Quel salaud ! Quel ignoble salaud ! »

Car le soir de l'accident Hans a vu le jeune homme allongé, et manifestement indemne, se redresser sur un coude et le regarder. Il lui est donc venue une idée diabolique. Certes, le plan n'était pas très clair, et il ignorait encore le parti qu'il pourrait en tirer ultérieurement. Mais il comprit tout de suite que c'était le moyen de tenir, au moins pendant quelques jours, cette femme riche à sa merci. Il dit au jeune cycliste :

« Ça va ?

— Oui, ça va.

— Pas de bobo ?

— Non, je n'ai rien...

— C'est de ta faute.

— Oui, je sais, mais vous conduisiez drôlement vite...

— Ce n'est pas moi qui conduisais. C'est une femme. Et tu as raison, elle conduisait trop vite. On va lui jouer un tour ; cela lui servira de leçon. Allonge-toi, roule sur le côté. Fais comme si tu étais mort. »

Puis il lui jeta une poignée de billets :

« Tiens, voilà pour réparer ton vélo. »

En riant presque, le jeune cycliste murmura :

« Dites donc, vous êtes rosse, vous. »

Puis il s'effondra, roula sur le côté et fit le mort.

Hans Meyer a été retrouvé par Interpol quelque temps plus tard, mais cela n'a servi à rien. Annette ne voulait pas porter plainte, elle ne voulait pas le revoir, même pour un procès.

« Qu'il fasse le mort, lui aussi, a-t-elle déclaré, cela m'aidera moi-même à revivre. »

« DES ROSES TOMBÉES DU CIEL »

Dans un nuage de poussière, un ouvrier maçon roule sur une piste qui traverse un désert de l'Arizona aux États-Unis et aperçoit une voiture arrêtée un peu plus loin. Les voitures sont rares sur cette route et seuls s'y arrêtent les touristes qui veulent photographier les rochers aux formes étranges que le monde entier connaît grâce aux cartes postales.

En approchant, le maçon discerne mieux la voiture. C'est une Chevrolet blanche d'un modèle assez récent. Mais il ne voit bouger personne. Pourtant les occupants ne doivent pas être loin car ils ont laissé la porte gauche ouverte. Ce n'est qu'au moment où il croise la Chevrolet qu'il a un coup au cœur. Deux corps sont allongés sur le sol crevassé.

Le maçon donne un coup de frein, fait

marche arrière et descend de voiture. Il jette un regard autour de lui et se penche sur les deux corps. Ce sont deux jeunes gens : un garçon et une fille. Le maçon les secoue du bout des doigts, et il a l'impression qu'ils sont raides et morts depuis plusieurs heures.

Lorsque le shérif de Maricopa arrive sur les lieux, il procède bien entendu aux constatations d'usage.

Les shérifs vont d'ailleurs se succéder dans cette histoire : des jeunes, des vieux, des petits, des gros, tous n'ayant que deux points communs : leur étoile de shérif et le chapeau à large bord qui sied dans un pays où le soleil est accablant.

Celui-là procède aux premières constatations : chacun des deux jeunes gens a été tué de deux balles dans la tête, froidement, comme au peloton d'exécution. Chacune des quatre balles a été mortelle. Ils sont entièrement vêtus. Près des corps, on retrouve un sac à main et un portefeuille.

Ce sont les époux Garding, deux jeunes mariés allemands en voyage. Il y a de l'argent aussi bien dans le portefeuille du jeune homme que dans le sac à main de la jeune femme. Celle-ci porte encore au doigt un petit bijou. Ils n'ont donc pas été volés et la jeune femme n'a pas été violée ni malmenée, bien que l'un de ses sous-vêtements soit sur la banquette arrière.

L'arme du crime semble être un revolver

calibre 45. La recherche des indices dans la poussière du désert est difficile; aussi ne retrouve-t-on aucune trace, aucune empreinte identifiable car l'assassin n'a pas touché à la carrosserie de la voiture.

Pour organiser une battue, le shérif demande l'assistance d'une organisation de volontaires qui fournit régulièrement une aide appréciée par les policiers en cas d'urgence. Mais après une rude journée de recherches, tour à tour sous un soleil de plomb et dans le vent de sable, les battues sont abandonnées.

Le lendemain, 1er juin 1962, un journal de Phenix, Arizona, offre plus de 8 000 dollars de récompense à qui ferait arrêter et juger l'homme qui a brutalement exécuté les deux jeunes gens.

Malgré l'attrait de cette récompense, toutes les pistes se révèlent fausses. L'enquête ne donne rien.

Comme le voyage d'Allemagne à Phenix est évidemment très cher, tous les parents des jeunes époux Garding se cotisent pour venir car ils ne sont pas riches.

C'est le père de la jeune femme qui est finalement désigné pour venir reconnaître les corps, qui seront enterrés dans le cimetière de Maricopa au bord du désert.

L'enquête en Arizona n'ayant toujours rien donné, Interpol enquête en Allemagne, notamment dans l'entreprise où travaillaient les époux Garding et auprès des différents jeunes gens. Ils en trouvent un qui fut très amoureux de la jeune femme avant son mariage et a passé également ses vacances aux États-Unis, profitant des conditions exceptionnelles qu'offrait le service « voyages » de l'entreprise. Mais ces pistes doivent être à leur tour abandonnées.

Le nouveau shérif nommé à Maricopa s'empresse de refermer le dossier, et il ne reste plus qu'une tombe dans un petit cimetière où les deux amoureux dorment à tout jamais au bord du désert. Dans le sable et le vent.

Un jour, le 23 mai 1965, un petit bouquet de roses rouges est déposé sur la modeste pierre tombale des jeunes époux Garding. Évidemment, personne n'y prête attention.

En juin 1969, donc sept ans après le crime, un vieux policier demande à voir le shérif. C'est le troisième shérif depuis le meurtre. Il ne connaît pas un traître mot de l'affaire. Mais le vieux flic, lui, la connaît.

« Dites, shérif, faudrait quand même qu'on vous parle d'un truc bizarre. Ça fait sept ans que, tous les 23 mai, il y a des roses sur la tombe des jeunes Allemands qui sont enterrés au cimetière.

— Ah ! Et alors ? demande le shérif pour qui cette révélation n'a aucun sens.

— Eh bien, c'est bizarre... parce que c'était un couple qui a été assassiné dans les environs le 23 mai 1962.

— Et alors ? répète le shérif qui ne voit

toujours rien d'étonnant dans cette constatation. Ce sont des parents...

— C'est pas possible, shérif. Les parents sont en Allemagne.

— Alors, des amis !

— Tous les 23 mai ? Ils viendraient exprès de si loin ?

— Ils ont peut-être pris un accord avec un fleuriste... »

Le brave flic n'avait pas pensé à ça. Évidemment, c'est une chose possible.

Le lendemain, il revient voir le shérif.

« J'ai vu tous les fleuristes. Aucun n'a été chargé de poser des fleurs sur la tombe des deux Allemands. D'ailleurs, il paraît qu'il n'y en a pas que le 23 mai. Il y en a aussi, des fois, pendant les vacances. Des fois des roses roses. Des fois des rouges. »

Le shérif pense évidemment que ce détail curieux mérite peut-être réflexion. Mais, pour cela, il faut d'abord mieux connaître le dossier.

D'un classeur métallique qui rouille dans une soupente, on ressort donc le dossier de « l'affaire Garding ».

Lorsqu'il l'a lu, le shérif décide de faire surveiller discrètement le cimetière pendant les vacances. Mais ce n'est pas une chose facile que de surveiller un cimetière du lever du jour à la tombée de la nuit. C'est fastidieux et cela immobilise du personnel, finalement, sans résultat. Cette année-là, de toutes les vacances, les roses ne réapparaissent plus. Personne ne tente d'approcher la tombe du jeune couple pour y mettre des fleurs.

Au mois d'octobre, le shérif abandonne la surveillance du cimetière sauf le 23 mai des dix années suivantes... C'est-à-dire que tous les 23 mai de 1969 à 1974 une voiture de police stationne à proximité du cimetière. Un policier déambule dans les allées ou somnole à l'abri d'un mur, un œil vaguement fixé sur la fameuse tombe, battue par le sable et le vent.

Or, pas un bouquet de roses n'est déposé aucun de ces 23 mai. Par contre, deux ou trois fois dans l'année — donc lorsque le cimetière n'est pas surveillé — des bouquets sont déposés, toujours des roses.

Pendant ce temps, la ville a changé encore une fois de shérif, et le nouveau, mis au courant de cette étrange affaire, s'en va chercher à son tour le dossier « Garding ».

Après l'avoir étudié, il charge Interpol d'enquêter en Allemagne auprès des parents et amis des malheureux Garding. Mais aucun ne vient en Amérique. Aucun n'envoie de fleurs. Il conclut :

« La personne qui dépose ces roses a forcément quelque chose à voir avec le crime. Peut-être est-ce le criminel lui-même. Sinon elle n'aurait aucune raison de se dissimuler avec tant d'insistance. Il faut enquêter chez les fleuristes... »

Malheureusement, les fleuristes sont des

milliers dans l'Arizona ! Les gens qui cultivent des roses sont des milliers aussi, et il y a des roses de toutes sortes. Il est difficile d'imaginer qu'elles pourraient toutes être produites par le même amateur. Résultat, après douze années, le dossier « Garding » retourne dans le classeur métallique qui continue de rouiller dans les combles. Et la tombe au bord du désert continue de recevoir des roses rouges ou roses, entre une tempête de vent et une de sable.

On installe le bureau du cinquième ou sixième shérif, on ne sait plus très bien à Maricopa, lorsque surgit Mme Kempton. C'est une femme aux cheveux châtains, aux yeux sombres, vêtue sans recherche, ni belle ni laide et un tantinet acariâtre :

« Je suis Mme Kempton.

— Bonjour, Miss, dit le shérif. Asseyez-vous. Que puis-je faire pour vous ?

— Shérif, je vais divorcer. Je suis obligée parce que mon mari est un salaud ! D'ailleurs, vous le connaissez : c'est le capitaine Kempton, qui commande l'organisation des volontaires auxiliaires de la police.

— Bien sûr, je le connais. Moins bien que vous, sans doute. Moi, je l'ai toujours pris pour un brave homme. J'étais d'ailleurs au courant de son instance de divorce, mais je croyais que c'était vous qui aviez quitté le domicile conjugal, et que les trois enfants étaient restés avec lui.

— C'est vrai. J'ai été obligée de partir. »

Le shérif pousse un énorme soupir à l'idée d'être obligé de supporter le récit des malheurs conjugaux de Mme Kempton.

« Vous ne me demandez pas pourquoi je suis partie, shérif ?

— Si, si, bien sûr...

— Parce que c'est mon mari qui a tué les époux Garding ! »

On a beau être le shérif américain d'une petite ville perdue de l'Arizona, culturellement nourri par douze heures quotidiennes de télévision où ne défilent que des shérifs impassibles et flegmatiques, il reste encore des choses pour étonner.

« Ai-je bien compris, madame Kempton ? Vous venez me dire, en 1974, douze ans après, que c'est votre mari, le capitaine des auxiliaires de la police, qui a tué ces malheureux gamins !

— Oui, shérif.

— Et pourquoi les aurait-il tués ?

— Je ne sais pas, shérif. Mais je suis sûre qu'il les a tués.

— Si vous ne savez pas pourquoi il les a tués, pouvez-vous au moins me dire pourquoi vous avez attendu si longtemps ?

— Parce que j'étais la femme de ce salaud. Parce que nous avons trois enfants. Mais maintenant que nous sommes en instance de divorce, c'est changé.

— Donc, vous venez me déclarer ça, tout

de go, parce que vous êtes en colère ?

— Oui, bien sûr, je suis en colère, mais je n'invente rien. Le matin du crime, avant qu'on ne l'appelle à venir aider la police, lorsqu'il est rentré à la maison, j'ai remarqué qu'il avait des taches de sang sur sa chemise. Il m'a dit qu'il était allé à un meeting et qu'au retour il s'était arrêté sur l'autoroute pour aider des jeunes gens qui avaient des problèmes avec leur voiture. L'un des jeunes gens l'avait, paraît-il, blessé avec un cric et mon mari s'était battu. Sur le moment, je l'ai cru. Et puis, après, j'ai ruminé ça. Et, un jour, j'ai compris qu'il avait menti. D'ailleurs, il avait un revolver de calibre 45.

— Est-ce qu'il l'a toujours ?

— Non. Il l'a jeté.

— C'est une accusation bien grave que vous portez là, madame Kempton, à partir de bien peu de chose, et bien tardivement, et alors que vous êtes très en colère ! Vous comprendrez qu'il est difficile de prendre votre témoignage en considération. »

La femme éclate alors en vociférations, déclare que son ex-mari est une brute, et qu'elle va en informer la presse. D'ailleurs, un jour, elle a vu un bouquet de roses dans la malle arrière de sa voiture. C'était un 23 mai, et il devait être absent toute la journée ! Enfin elle conclut en disant :

« Un jour qu'il était soûl, il m'a avoué : je suis un assassin. »

Bien que ce témoignage soit très sujet à caution, le shérif l'enregistre consciencieusement et décide de convoquer — avec ménagements — le capitaine Kempton.

Le capitaine Kempton, trente-neuf ans, est un garçon brun aux yeux bleus, au visage ouvert et sympathique, mais aux attitudes quelque peu excessives. C'est un partisan de l'ordre musclé. Pour lui, les lois ne sont jamais assez sévères. Il participe aux meetings politiques, pourfend les fauteurs de troubles et admire les grands hommes lorsqu'ils ont la réputation d'être intègres. Bref, un parfait auxiliaire de police, scrupuleusement honnête, actif et, à part cela, très serviable.

« Vous souvenez-vous, lui dit le shérif, de l'affaire « Garding ? » Ces deux jeunes Allemands assassinés dans le désert il y a douze ans et sur la tombe desquels des roses mystérieuses sont régulièrement déposées ?

— Je m'en souviens parfaitement, répond Kempton dont les yeux bleus n'ont pas cillé.

— Eh bien, voilà..., explique le shérif, un peu gêné. Votre ex-femme vous accuse d'être l'assassin. »

Il est difficile de voir si Kempton pâlit tant sa peau est cuite et recuite par le soleil du désert, mais il hausse les épaules et soupire :

« Ça ne m'étonne pas d'elle. Qu'est-ce que cette folle vous a encore raconté ? »

Le shérif lui lit le texte de la déposition de

sa femme, et Kempton l'écoute en hochant de temps en temps la tête affirmativement. Il ne bondit que lorsque sa femme prétend avoir vu des roses dans sa malle arrière et, surtout, lorsqu'elle affirme qu'il lui aurait avoué, un jour d'ivresse, qu'il était un assassin.

Devant ses dénégations, le shérif a l'idée d'organiser une confrontation dont on se souviendra longtemps dans les annales de Maricopa !

Le jour de la confrontation, le capitaine Kempton est assis, calme mais les mâchoires serrées, fuyant le regard haineux de sa femme.

Celle-ci ne peut rester assise malgré les injonctions du shérif. Elle se lève, gesticule, vocifère, tourne autour de son mari comme un coq au combat.

« Tu ne m'as pas dit que tu étais un assassin ? Menteur ! Rappelle-toi... C'était le jour où... Le soir que... On venait de... Tu avais bu sept whiskies et tu as trouvé le moyen d'en emprunter encore une bouteille à ton père... Tu l'as même ouverte avec les dents... »

Malgré la fureur de Mme Kempton, les souvenirs semblent si précis, les détails qui surgissent à sa mémoire tellement spontanés que le shérif est troublé.

Évidemment, Kempton nie. Mais devant l'avalanche des précisions de sa femme, nier ne suffit pas : la soirée en question a bien eu lieu. C'est vrai qu'il a bu ce jour-là. Et qu'il a pu dire n'importe quoi.

« D'ailleurs, remarque Mme Kempton, le lendemain tu faisais une drôle de tête. Tu m'as demandé si tu avais parlé devant les gosses. Et puis tu as tenu à leur expliquer que, ce soir-là, tu ne savais plus ce que tu disais. Ils s'en souviennent. Pendant trois mois, tu as été adorable. Tout le monde se demandait pourquoi. Tu m'as acheté un bijou. On a changé de maison. »

Devant Kempton qui perd pied, le shérif — qui jusqu'alors comptait les coups — constate que le match tourne en faveur de la femme. Alors, brusquement, il se décide :

« Kempton, vous cachez quelque chose. Il vaut mieux dire la vérité, quelle qu'elle soit.

— C'est bon, dit Kempton, voici la vérité. »

Et il donne sa version des faits : c'est vrai qu'il a dit à sa femme « Je suis un assassin ». Mais cela n'a rien à voir avec l'assassinat des deux jeunes Allemands. Lorsqu'il s'est battu avec d'autres jeunes gens sur l'autoroute, pour se défendre, il a sorti son revolver et il a tiré. Il a eu l'impression que l'un d'eux était mortellement atteint. Il n'en a jamais eu la preuve. Il n'a pas cherché à le savoir. Mais ce remords le ronge depuis toujours. Voilà pourquoi il a dit un soir à sa femme : « Je suis un assassin »...

L'explication est plausible. Et le shérif met fin à la confrontation.

Malheureusement, lorsqu'on fouille les archives, on ne découvre — durant cette matinée du 23 mai 1962 — aucune déclaration de décès, aucune blessure grave ni même aucune bagarre signalée sur l'autoroute. C'est bizarre. Ce n'est évidemment pas une preuve. Mais c'est bizarre.

C'est alors qu'en recherchant pour la centième fois dans le dossier, le shérif trouve la pièce maîtresse, et en revient aux fameux bouquets de roses. Ces fameuses roses ont été généralement déposées dans un récipient modeste : quelquefois une cruche, d'autres fois un vase — sans doute pris sur une autre tombe — et même, une fois ou deux, des boîtes de conserves. Or, l'un des multiples shérifs qui se sont occupés de l'affaire a eu l'idée de relever les empreintes figurant sur quelques-uns de ces récipients.

En comparant systématiquement toutes les empreintes (et certains vases en portaient des dizaines différentes), la police parvient à isoler l'une d'elles que l'on retrouve sur chacun des récipients.

Comme tous les auxiliaires de la police sont évidemment fichés, avec leurs empreintes digitales, il est facile de comparer ces empreintes et celles du capitaine Kempton. Elles sont identiques. C'est donc le capitaine Kempton qui, depuis douze ans, dépose des roses sur la tombe des deux jeunes Allemands.

Mais Kempton n'avouera jamais. La police en sera donc réduite à reconstituer les faits, à la fois sinistres et singulièrement touchants : le capitaine Kempton aurait « observé » les jeunes gens qui se livraient à des ébats amoureux. Ceux-ci l'ayant surpris, et l'ayant peut-être menacé de se plaindre à qui de droit, il les aurait froidement abattus. Ensuite, pris de remords, et obsédé par l'image de ces deux innocents qui s'étaient aimés devant lui, il aurait, pendant douze ans, pris le risque énorme d'aller déposer des roses sur leur tombe.

Voyeur, et sentimental, en quelque sorte... cet assassin. Et ferme sur la morale. Pour lui, l'amour ne se fait pas en liberté, mais il est permis de le surveiller... Et si l'on est découvert, mieux vaut tuer que d'avouer une petite différence entre ce que l'on prône et ce que l'on est. Mieux vaut se taire aussi, et déposer hypocritement des roses sur une tombe.

Il n'a pas été condamné faute de preuve, le capitaine Kempton. Et c'est bien dommage, car l'assassin qui fleurit la tombe des deux amants tous les ans les tue à nouveau tous les ans.

Mieux vaudrait pour eux la pureté du sable et du vent, celle de l'oubli.

NON, MERCI... JE NE FUME PAS

DANS la nuit du 10 au 11 mai 1965, à deux heures du matin, une camionnette arrive dans la cour de l'hôpital de Catane, en Sicile, et deux capucins en descendent. Deux révérends pères capucins, la robe de bure nouée par une corde à la taille, le capuchon rabattu sur les yeux.

L'infirmier de garde se précipite. Et les deux religieux déclarent :

« Nous avons un blessé dans notre camionnette. C'est un piéton qui a été renversé par une voiture, sur la route qui mène à notre couvent. Le « chauffard » ne s'est pas arrêté. Quelqu'un est venu nous prévenir... Alors, nous vous l'amenons. Il a l'air d'avoir une jambe cassée. »

Deux infirmiers sortent de la camionnette un homme d'une cinquantaine d'années, qui effectivement a l'air de souffrir beaucoup d'une fracture au col du fémur.

Les deux pères capucins reprennent leur volant, et la route de leur couvent perdu dans la montagne. Deux saints hommes repartent la conscience tranquille, ayant fait leur devoir de chrétiens. C'est ce que pense l'interne de garde, en voyant disparaître leur feu rouge. Il se dit aussi, mais sans y mettre vraiment de mauvaise pensée :

« Cela doit rapporter, d'être capucin. Ils ont une belle camionnette toute neuve. C'est curieux, il paraît que depuis quelque temps, ils ne font même plus la quête ! »

L'infirmier aurait de quoi réfléchir, s'il savait ce que les deux pères capucins portent sous leurs robes de bure, et sous leurs chapelets : deux pistolets Beretta, de calibre 9 millimètres.

Non que les deux hommes soient de faux capucins. Ils sont tout à fait authentiques. Et ils viennent bien de leur couvent montagnard, qui porte un nom sévère : le couvent de la « stricte observance ». Seulement, et c'est malheureux à dire, les capucins de la « stricte observance », à tout le moins quatre d'entre eux, dont le révérend père prieur, sont à la vérité des truands.

Depuis environ un an, l'attention des carabiniers de la région de Catane est attirée par les bruits qui courent à propos du couvent de la « stricte observance », perdu sur un repli montagneux, dans la région de l'Etna. Il n'y a rien de bien précis, mais les paroissiens de la région s'étonnent de ne plus voir les capucins faire la quête. Cette grève du denier du culte a commencé au début de 1964. Cela a commencé après le départ de l'ancien prieur du couvent, le révérend père Mario, transféré dans un couvent d'Allemagne fédérale. Mais comme par hasard et quelque temps après, le nouveau prieur du couvent, le père Francesco, s'est acheté une voiture neuve... Et le père économe s'est acheté une belle camionnette ! De plus les fournisseurs du couvent se sont un peu étonnés d'avoir à fournir désormais de la viande et du poisson de première qualité.

Et puis l'on a vu installer la télévision au couvent. Et puis le chauffage central. Tout cela s'est fait relativement discrètement : les achats étant faits à Catane, chez différents fournisseurs. Mais ce sont des choses qui se remarquent tout de même, et les paysans voient bien, depuis plusieurs mois, des camions de livraison prendre la route sinueuse qui mène au couvent. On dit même qu'il en vient la nuit.

Personne n'en parle ouvertement : si les moines se permettent de ne plus respecter la « stricte observance » de pauvreté qui est leur raison d'être, les paysans, quant à eux, respectent la stricte observance de la bouche cousue sicilienne. Bien que ce genre de chose, à la longue, finisse toujours par transpirer.

C'est pourquoi le commandant Marciano, des carabiniers de Catane, connaît depuis un an cette situation bizarre : les pères capucins, alors qu'ils ne font même plus la quête, vivent comme des anachorètes de luxe ! Mine de rien, il a donc décidé de mettre le couvent de la « stricte observance », sous observation discrète, sans plus : en Italie, on y regarde à deux fois avant de toucher aux moines.

Le commandant commence à se douter vraiment de quelque chose le lendemain de la fameuse nuit où le père économe du couvent, aidé par un autre moine, amène un blessé à l'hôpital. Cet homme qui, soi-disant, aurait été renversé par une voiture et abandonné sur la route, doit nécessairement porter plainte.

C'est pourquoi un carabinier vient l'interroger, sur son lit d'hôpital. Et, par routine, une fois rentré à la caserne centrale, il fait vérifier l'identité du blessé. Par routine, et parce que l'homme est bizarre : il n'a pas vu la voiture qui l'a renversé, il se rendait soi-disant au couvent à pied pour y faire une retraite, en pleine nuit.

Cela devient beaucoup plus bizarre lorsque les carabiniers découvrent qu'une fiche diffusée par Interpol signale cet homme, un certain Roberto Sandini, comme étant soupçonné de se livrer à la contrebande de cigarettes entre l'Allemagne fédérale et l'Italie, via la Suisse !

Le commandant Marciano se rend lui-même au couvent, accompagné de quatre carabiniers.

Dix-sept kilomètres de routes sinueuses, à travers la montagne sicilienne. Le couvent est un véritable repaire, fortifié au Moyen Age, sur un éperon rocheux qui domine une vallée aride. Le commandant Marciano ne se présente pas en mission officielle. Il n'a aucun mandat. Il vient seulement pour demander quelques renseignements supplémentaires au père économe du couvent, à propos de ce blessé mystérieux qu'on lui aurait amené dans la nuit. Mais s'il a décidé de venir lui-même, c'est qu'il flaire quelque chose, de pas très catholique.

Une première surprise l'attend à l'arrivée : le portail d'entrée du couvent, et avec lui la moitié du mur d'entrée, est démoli... Des capucins, maniant la barre à mine, le ciment et la truelle, sont en train de réparer les dégâts. Le commandant demande au père gardien, venu à sa rencontre :

« Tiens ? Qu'est-ce qui vous est arrivé ?

— Oh ! ce n'est rien. Une fausse manœuvre d'un camion ! »

Sous la casquette du commandant des carabiniers, cela fait comme une petite sonnette d'alarme : une fausse manœuvre de camion ! et comme par hasard, un blessé inconnu, soi-disant renversé sur la route, amené au couvent. Le commandant des carabiniers demande, l'air indifférent :

« Qui a fait ça ? Un fournisseur ? Il doit vous indemniser j'espère !...

— Oh ! ce n'est pas la peine... Nous ne

voulons pas la mort du pécheur ! Nous allons réparer nous-mêmes ! »

Mais comme le capucin n'a pas répondu, et n'a pas dit qui a fait ça, le commandant enchaîne de façon abrupte :

« C'est vous, mon père, qui avez amené le blessé à l'hôpital, la nuit dernière ? On nous a dit que c'était le père économe, et le père gardien ! »

Le capucin a baissé les yeux, sous son capuchon : apparemment, réflexe de modestie religieuse, il répond :

« Si vous avez des questions à poser, il faut voir le père prieur.

— Très bien, mon père : auriez-vous l'amabilité d'aller dire au père prieur que je voudrais lui poser quelques questions, au sujet de ce blessé ? »

Le père gardien murmure :

« J'y vais... Voulez-vous attendre ici ? »

Décidément, le commandant des carabiniers trouve qu'il y a bien des mystères : ce n'est tout de même pas un couvent de religieuses. On aurait pu le faire entrer.

Pendant que le père gardien est parti chercher le père prieur, il affecte de faire les cent pas, l'air de rien, et pénètre un peu dans la cour. Les capucins occupés à réparer le mur d'entrée relèvent la tête, l'air hésitant. Mais aucun d'eux ne fait d'observation. Ils se remettent à travailler, l'air de penser : « Après tout, ce n'est pas notre affaire... »

C'est alors que le commandant Marciano aperçoit le camion... Il n'en voit que l'arrière, au fond de la cour du couvent... Mais il voit tout de suite que c'est un énorme camion de transports internationaux ! Que fait-il là ? Et manifestement, c'est l'arrière de ce camion qui a démoli le portail du couvent, car il en porte les traces.

Revenant vers sa voiture, toujours l'air de faire les cent pas, il murmure aux trois carabiniers qui l'accompagnent :

« Pendant que je serai chez le père prieur, débrouillez-vous pour savoir ce qu'il y a dans ce camion. Si les moines vous en empêchent, c'est qu'ils ont quelque chose à se reprocher ! »

Dix minutes plus tard, le commandant Marciano est dans le bureau du révérend père prieur du couvent de la « stricte observance ».

Murs blanchis à la chaux, crucifix, mais carrelage tout neuf, réfrigérateur à boissons, interphone et télévision.

Le révérend père Francesco est un jeune père prieur : dans les quarante ans. Ses explications sont à la fois onctueuses et embarrassées : il ne sait rien de ce blessé qu'on leur a amené dans la nuit ! Des inconnus l'ont trouvé sur la route, et ont pensé qu'il valait mieux l'amener au couvent. Ils sont repartis sans donner leurs noms. Le mieux, n'est-ce pas, était d'amener ce blessé inconnu à l'hôpital, puisqu'il avait une jambe cassée.

Le commandant se décide à attaquer de front :

« Pardonnez-moi, mon père, d'insister, mais vous êtes bien sûr que ce blessé n'a rien à voir avec le camion qui a démoli votre portail ? Le camion de transport international qui est dans votre cour ? »

Le révérend père prieur, avant de répondre, observe un silence religieux. Et c'est dans ce silence religieux que dans la cour du couvent, un étage plus bas, retentit une rafale de mitraillette. Mû comme par un ressort, le révérend père prieur se lève, ouvre un tiroir, mais le commandant des carabiniers a le réflexe rapide ! Il porte la main à son étui, sort son pistolet d'un geste, et dit au père prieur :

« Ne bougez pas ! Je vous en prie. »

Il était temps : dans le tiroir déjà à moitié ouvert pointe le nez d'un revolver Beretta de 9 millimètres. Un instant plus tard, un carabinier essoufflé pénètre dans le bureau :

« Commandant ! Dans le camion, il y a un cadavre. Un capucin a voulu tirer sur nous. Nous avons dû tirer en l'air ! »

Aussitôt, sous la menace de son arme, le commandant Marciano oblige à sonner la cloche pour rassembler tous les capucins dans la cour. Ils sont plus d'une centaine le long du mur, les mains en l'air.

Effectivement, dans le camion, se trouve un cadavre, et des caisses de cigarettes américaines ! Exactement 4 600 kilos. Le cadavre est celui d'un civil. Un homme était assis à côté de lui, sur une caisse de cigarettes. Quand l'un des carabiniers a soulevé la bâche, il a voulu saisir un pistolet ! Il s'est immobilisé dès que le carabinier a tiré en l'air : le soir même, la prison de Catane étant trop petite pour abriter près de deux cents capucins, tout le couvent est gardé par des carabiniers.

Le scandale est énorme en Italie. Les journaux catholiques sont les premiers à réclamer que toute la lumière soit faite ! Les journaux de gauche leur répondent sur le ton ironique et acerbe : « Que la lumière soit ! » Les catholiques italiens sont d'autant plus scandalisés que l'Ordre des capucins est très populaire dans tout le pays, pour ses innombrables œuvres de charité !

Dans les jours qui suivent, l'interrogatoire du blessé à l'hôpital et du père supérieur du couvent fait découvrir une effarante vérité : depuis que l'ancien prieur avait été nommé en Allemagne, il servait de « tête de pont » à un vaste trafic de contrebande de cigarettes : parties d'Allemagne fédérale où elles étaient volées dans des bases américaines, celles-ci étaient chargées dans un camion de transport international, emballées dans des caisses sur lesquelles des étiquettes annonçaient : « Pièces de rechange de machines agricoles. » Destination, Israël. L'adresse du destinataire à Tel-Aviv était aussi fictive que l'adresse de l'expéditeur.

En réalité, c'était l'ancien père prieur du couvent, qui depuis Singen, en Allemagne, envoyait des tonnes de cigarettes à son successeur du couvent de Sicile !

Le camion traversait la Suisse, en transport plombé, sous douane, puisqu'il ne faisait que transiter. Un douanier allemand fut tout de même arrêté comme complice. Quant aux douaniers italiens, ils ne contrôlaient pas non plus le camion, puisqu'il était, pour eux aussi, sous douane ! D'après les documents, les machines agricoles devaient transiter vers Israël par Brindisi. En réalité, le camion prenait le ferry-boat à Reggio de Calabre et passait en Sicile !... Là, il attendait la nuit pour prendre la route du couvent de la « stricte observance », qui servait d'entrepôt de distribution en gros, demi-gros et détail !

Mais qu'était-ce donc que cette histoire de cadavre dans le camion et de blessé à l'hôpital ? Et pourquoi les capucins éprouvaient-ils le besoin d'être armés ?

La vérité de cette nuit-là, du 10 au 11 mai 1960, est une chose toute bête : la fausse manœuvre, qui fit tout découvrir...

Ils étaient trois hommes, dans le camion à une heure du matin devant la porte du couvent, pour livrer la cargaison de cigarettes. Le père gardien ouvre le portail, le camion entre. Mais il s'engage mal dans la cour intérieure, fait une marche arrière brutale, et démolit le vieux mur de pierre qui tient le portail, et tout s'écroule : Roberto Sandini, qui dirigeait la manœuvre à l'arrière avec un certain Enzo Forzerri, reçoit le lourd vantail de chêne sur la jambe : il a le fémur cassé. Le dénommé Enzo a eu moins de chance : il reçoit le mur sur la tête, avec la grosse plaque de marbre sur laquelle est gravé : « Couvent de la stricte observance, année 1620. » Il est tué net.

Il s'élève aussitôt un différend à ce sujet, entre le révérend père et le chauffeur du camion ! Celui-ci veut qu'il enterre son complice dans le cimetière du couvent, avec les prières d'usage. Il est contrebandier, mais catholique pratiquant devant la mort et, surtout, ne veut pas repartir avec ce cadavre dans son camion ! Cet homme est son beau-frère, il habite Milan : il veut pouvoir dire à sa femme, en rentrant, que si son frère est mort en entrant dans un couvent, du moins il y est resté. Et qu'il a eu un service funèbre, en bonne et due forme ! Quant au blessé, il exige qu'il soit immédiatement amené à l'hôpital.

Mais le père prieur ne veut pas enterrer le mort. Déjà, le scandale est grand, à une heure du matin dans le couvent. Tous les autres moines, dans leur cellule, ont été réveillés par le bruit du camion faisant écrouler le mur... Or, s'ils sont quatre dans la combine, à savoir : le père prieur, le père économe, et deux autres capucins livreurs au détail, tous les autres sont innocents ! Il va déjà falloir leur expliquer l'accident : mais s'il faut, en plus, leur expliquer un enterrement hâtif !

En fin de compte, le père prieur accepte un compromis qui n'est peut-être pas historique, mais qui a le mérite de laisser le temps de réfléchir : le blessé sera amené à l'hôpital, on racontera que de bonnes âmes, l'ayant trouvé sur la route, l'ont laissé au couvent. Quant au mort, il passera la nuit dans le camion et demain, il fera jour. Le père prieur rassemblera les moines innocents, et trouvera quelque chose à leur raconter pour leur faire admettre un service funèbre et un enterrement discret. Après tout, ils en ont déjà avalé d'autres, les braves moines ignorants de la contrebande, au nombre de cent soixante-treize ! Devant le juge d'instruction stupéfait, le père prieur précise le rôle de ces innocents :

« Ils nous aidaient parfois à décharger les caisses. Mais ils ignoraient ce qu'il y avait dedans ! Nous n'étions que quatre à le savoir. Nous leur avions dit que c'étaient des documents secrets, mis en lieu sûr par de hautes personnalités de la démocratie-chrétienne ! Ils pensaient que nous avions l'accord, en haut lieu ! »

En haut lieu, c'est-à-dire au Vatican. Cela n'explique pas, pour le juge, pourquoi le père économe et deux autres capucins, dont celui qui veillait le mort dans le camion, en attendant qu'une décision soit prise à son sujet, aient été trouvés en possession de revolvers Beretta de 9 millimètres ! Le père prieur, baissant les yeux, répond au juge :

« C'est que, voyez-vous, nous craignions d'être attaqués par les truands locaux, quand nous faisions des livraisons. »

Le juge s'exclame :

« Des livraisons ? Parce que vous faisiez des livraisons ? »

Il faut se rendre à l'évidence, le père économe du couvent, en compagnie de deux autres capucins « gardes du corps », faisait les livraisons de cigarettes aux détaillants, dans sa belle camionnette toute neuve. Ils la chargeaient discrètement pendant que les autres priaient. Les détaillants étaient des revendeurs à la sauvette, parfois des gamins, proposant des paquets ou des cartouches entières aux touristes de Taormina, de Messine ou de Palerme.

Parfois aussi, c'étaient des cafetiers, avec pignon sur rue... Le révérend prieur, de moins en moins « révérend » à mesure que son interrogatoire se poursuit, mais conservant toujours malgré lui son ton ecclésiastique, précise comme en s'excusant :

« Les revolvers étaient une sécurité... Nous avons été plusieurs fois avertis que la Mafia ne voyait pas d'un très bon œil notre contrebande clandestine ! Il y a la contrebande officielle de la Mafia, la nôtre était irrégulière ! Nous avions reçu des avertissements ! »

Le juge d'instruction s'étonne alors :

« Mais pourquoi l'homme qui surveillait le cadavre, dans le camion, a-t-il esquissé un geste pour saisir son arme, quand le carabinier a soulevé la bâche ? Et pourquoi vous-même avez-vous essayé de prendre un revolver dans votre tiroir, quand vous avez entendu la rafale dans la cour ? Vous ne vouliez tout de même pas tuer le commandant ! Entre la contrebande et l'assassinat d'un carabinier, il y a une marge. »

La réponse du révérend prieur du couvent de la « stricte observance » est époustouflante :

« Qui sait, monsieur le Juge, ce qui se cache sous un carabinier ? Ces carabiniers-là, vrais ou faux, pouvaient très bien nous être envoyés par la Mafia, pour nous intimider. »

Le révérend père Francesco et ses quatre complices ont été condamnés par le tribunal de Catane, le 8 octobre 1965, à cinq ans de prison pour association de malfaiteurs, contrebande et port d'armes... Tous les autres capucins ont été mis hors de cause qui croyaient servir, nuitamment, la démocratie-chrétienne.

La presse italienne, qui en a vu d'autres depuis, s'est alors répandue en commentaires variés, à propos des capucins contrebandiers de tabac. Dans un quotidien romain on pourrait lire cette petite histoire ironique, inventée pour la circonstance : il faut savoir qu'en Italie, un « capucin », littéralement un « *Capuc-*

cino », c'est aussi un café noir avec un petit nuage de lait... Deux Romains se rencontrent dans un bar. L'un d'eux dit à l'autre :

« Je vous offre un Capuccino ?
— Non, merci, je ne fume pas ! »

Cela dit, depuis cette malheureuse affaire, tout est rentré dans l'ordre de la charité capucine.

JE SAVAIS QUE VOUS VIENDRIEZ

LE 16 mai 1964, vers onze heures du matin, le téléphone sonne dans les locaux de la police d'un quartier de Los Angeles.

« Ici l'hôtel Golden House ! Vite ! Le client de la chambre 3170 est sur la corniche avec sa femme. »

Le flic qui réceptionne l'appel croit utile de se faire préciser :

« Qu'est-ce qu'ils font sur la corniche ?
— On ne sait pas. Ils ne veulent rien dire. Sans doute qu'ils veulent sauter...
— C'est à quel étage ?
— Vingt-deuxième. C'est le dernier étage.
— Vous avez prévenu les pompiers ?
— Oui. C'est fait. »

Quelques instants plus tard, Ray Crawford, lieutenant de police de trente-sept ans, expérimenté et plein de sang-froid, saute dans une voiture, son chapeau mou en bataille. Il desserre sa cravate, car il commence à faire chaud. Ce genre d'affaire ne lui plaît pas du tout. Les flics n'ont généralement rien à y gagner : si ça se termine bien, c'est une affaire sans importance, mais si ça se termine mal, on a vite fait de parler de fausse manœuvre et de maladresse policière !

Lorsque Ray Crawford s'engage dans l'avenue, il aperçoit au loin un rassemblement de badauds, groupés sur un trottoir, le visage levé vers le 22e étage du Golden House. Au milieu, la tache rouge des voitures de pompiers qui manœuvrent difficilement dans la foule pour se dégager. Ici et là, des voitures s'arrêtent, un peu n'importe où, et des portières claquent. Des journalistes, des photographes et des cameramen courent vers la maison d'en face dont les fenêtres, dans quelques instants, seront prises d'assaut.

Ray Crawford est un homme tellement méthodique qu'il n'a même pas encore jeté un coup d'œil sur la corniche du 22e étage de l'hôtel Golden House. D'ailleurs, depuis l'intérieur de sa voiture, il ne pourrait la voir. Et puis à quoi bon. Puisque tout le monde regarde dans cette direction, c'est qu'ils sont là. Le plus important, pour le moment, c'est de mettre de l'ordre dans cette pagaille. Ce qu'il fait, en demandant par radio un service d'ordre d'autant plus important qu'il va falloir détourner la circulation pour permettre aux pompiers de déployer leurs filets de sauvetage. Cela fait, il descend de voiture et lève le nez, se servant de son chapeau pour abriter ses yeux du soleil.

Là-haut, sur la corniche, la silhouette d'un homme debout, en bras de chemise. Près de lui, une tache rouge, accroupie. Toujours méthodique, Ray Crawford note que la corniche est tout de même assez large. Elle doit faire entre 70 et 80 centimètres. Il vérifie, en comptant les fenêtres depuis le rez-de-chaussée, que c'est bien le 22e étage.

Il compte mentalement : à 3 mètres par étage, cela fait 66 mètres. A cette hauteur, les filets des pompiers ne serviront strictement à rien. Ou bien ils tomberont à côté, ou bien ils passeront au travers. Quant à la grande échelle, n'en parlons pas. Elle parviendrait tout juste au 12e étage. Le pire, c'est qu'on ne peut pas agir non plus par en haut, bien que le 22e étage soit le dernier. Les architectes farfelus de la fin du siècle dernier ne savaient pas comment terminer leurs ouvrages. Ils avaient l'audace de les lancer plus haut que les cathédrales, mais pas celle de les terminer tout net par un toit en terrasse comme on le fait aujourd'hui. Alors, les vieux gratte-ciel se terminent comme ils peuvent, dressant au-dessus de la ville des clochetons, des colonnades corinthiennes ou des tourelles vaguement inspirées des cathédrales, des châteaux de la

Loire ou des monuments antiques. Résultat, le 22e étage est surplombé d'un énorme chapiteau grec totalement inaccessible, même avec une échelle de corde. Et conclusion : le sauvetage ne peut être réalisé que de l'intérieur de l'hôtel, ce qui va être exclusivement une affaire de psychologie.

Une chose étonne Ray Crawford. Si ce genre de suicide ou menace de suicide est assez courant, il n'a jamais vu et entendu dire qu'il ait été entrepris par deux personnes à la fois.

En entrant dans la chambre 3170, Ray Crawford grogne à voix basse aux deux policiers qui l'accompagnent :

« Vous allez me virer tout ça. Il y a beaucoup trop de monde ici. »

Le sous-directeur du Golden House est actuellement penché par la fenêtre, glissé entre les deux doubles rideaux que la brise agite autour de lui. Il entend sa voix indignée :

« Mais vous êtes fou ! Vous n'avez pas le droit de mettre tout le monde dans l'embarras. »

Une voix lointaine lui répond des paroles confuses depuis la corniche. Quelque parole désagréable sans doute, car le sous-directeur, au visage rasé de près, se retourne offusqué. C'est le directeur qui prend aussitôt sa place à la fenêtre et glisse une tête ronde entre les rideaux.

« Réfléchissez un peu, mon ami », dit-il.

Il n'en dit pas plus. Ray Crawford entend, distinctement cette fois, une voix masculine lui répondre :

« J'ai déjà réfléchi, figurez-vous ! C'est pour ça que je suis là. Laissez-moi tranquille ! »

Le directeur et le sous-directeur se regardent, prêts à se lancer dans un conciliabule qui risque d'être interminable et totalement inutile. Ray Crawford, avec une fermeté polie, et malgré leurs protestations, les fait sortir de la chambre. Puis il glisse à son tour la tête entre les deux rideaux, tourne la tête à gauche et aperçoit l'homme sur la corniche, à peine à un mètre de la fenêtre, c'est-à-dire presque à portée de bras. C'est un colosse au crâne rond, au nez petit et épaté. Sur sa corniche, au 22e étage, avec sa femme minuscule à ses côtés, il évoque irrésistiblement King Kong en haut de l'Empire State Building.

En bras de chemise, face au vide, debout, le dos collé contre le ciment chauffé par le soleil, il contemple la foule qui s'amasse et les filets ridicules tendus par les pompiers. Ses mains sont posées bien à plat contre le mur, sans que l'on comprenne bien si elles veulent y adhérer comme des ventouses ou, au contraire, l'aider à se projeter en avant.

De l'autre côté de l'homme, la femme est accroupie, dans une petite robe rouge très décolletée dans le dos. Elle paraît frêle, pâle et complètement apeurée. Le vent pousse ses cheveux blonds sur son visage, mais elle n'ose pas faire un geste pour les chasser.

Lentement, Ray Crawford s'assoit sur le rebord de la fenêtre. L'homme le voit.

« Vous êtes un flic ?
— Oui.
— Alors, ne bougez pas ou je saute !
— Rassurez-vous. Je ne bougerai pas... dit Ray Crawford. J'ai toujours eu le vertige. »

Après un silence, il fait une première tentative :

« Vous avez vu votre femme ? »

King Kong tourne une seconde la tête pour regarder sa femme et son regard méfiant revient vite sur le policier :

« Oui... Et alors, qu'est-ce qu'il y a ?
— Elle est morte de peur ! Je n'ai pas l'impression qu'elle ait envie de mourir. Rien que pour elle, vous devriez renoncer à cette idée. »

L'homme éclate d'un rire mauvais et fait comprendre en quelques mots au policier qu'il est un crétin et que sa femme à lui est une moins que rien. Tout cela en quelques injures grossières et bien senties.

Mais voilà qui éclaire les motivations de l'homme. C'est une menace de suicide, mais c'est aussi une punition pour la femme. Il faut réfléchir à cette situation nouvelle. Le policier sent à ce moment qu'on lui frappe sur l'épaule. Il se retourne et voit deux hommes : l'un est le psychiatre de la police, l'autre un clergyman.

Comme il a compris qu'il a probablement du temps devant lui, Ray Crawford rentre dans la chambre.

« Je vous le laisse un moment, dit-il aux deux hommes à mi-voix. J'ai l'impression qu'il en a après sa femme. Je ne suis pas sûr qu'il ait réellement l'intention de mourir, ni peut-être même de la tuer. C'est plutôt une espèce de punition. »

Là-dessus, hâtivement, Ray Crawford fouille la chambre. La première chose qui lui saute aux yeux, c'est le billet d'avion dans le sac de la femme. Un billet d'Air France : départ de Paris, destination Tahiti avec escale à New York et Los Angeles. Le billet est au nom de Mme Fribourg. Il s'agit du vol 127 du 14 mai 1964.

Il y a une cohue monstre dans le couloir qu'emprunte le policier pour gagner l'ascenseur ; heureusement que deux hommes en uniforme gardent la porte.

Des journalistes assiègent le portier dans le hall pour connaître des détails sur cette sinistre affaire. Ray Crawford arrache le portier à son comptoir et traîne dans le bureau du sous-directeur :

« Vous les connaissez ?

— Non, répond le bonhomme. Je connais M. Casier. Il passe ici une ou deux fois par an... Mais c'est la première fois que je vois cet homme et cette femme.

— Qui est M. Casier ?

— C'est un Français. Il est dans la parfumerie. C'est lui qui a retenu la chambre il y a quelques jours.

— Pour lui ?

— Non. Pour cette Mme Fribourg. Elle n'était là que pour vingt-quatre heures. Elle va à Tahiti et d'une seule traite, le voyage est très long, trop fatigant pour elle, m'a-t-il dit. Elle devait repartir ce soir. »

Ray Crawford examine le passeport de la femme : Mme Fribourg, née le 3 février 1934 à Sceaux, en France. Demeurant : rue du Docteur-Blanche, numéro 34, Paris-16e... Il réfléchit tout haut :

« Donc, si King Kong est son mari, il s'appelle Fribourg ?... Quand est-il arrivé ?

— Il n'y a pas deux heures. Il m'a demandé le numéro de la chambre de Mme Fribourg, et il est monté directement. C'est tout ce que je sais. »

Ray Crawford décroche le téléphone et appelle directement le Bureau d'Interpol à Washington. Il faut qu'Interpol envoie un enquêteur rue du Docteur-Blanche à Paris. Il veut savoir de toute urgence, c'est une question de vie ou de mort, qui sont M. et Mme Fribourg, s'ils vivent ensemble ou séparés, si on connaît là-bas M. Casier, quelle est la nature de leurs relations avec lui, etc.

Il demande aussi à voir la première personne qui s'est aperçue que M. et Mme Fribourg étaient sur la corniche.

La brave femme qu'on lui amène est dans tous ses états. Elle est en nage, et son petit cœur doit avoir beaucoup de mal à palpiter sous son énorme poitrine tandis qu'elle raconte son histoire.

Lorsqu'elle est entrée dans la chambre, pour faire le lit, ses yeux se sont arrondis d'effroi. Un énorme bonhomme enjambait le bord de la fenêtre, portant dans ses bras Mme Fribourg qui se débattait. Il l'a posée sur la corniche et lui a dit en la rudoyant : « Pousse-toi ! »

Puis l'homme a disparu de la fenêtre. D'abord figée d'horreur, la femme de ménage s'est avancée lentement et a passé la tête entre les deux rideaux. En bas rien, à droite rien... A gauche... l'homme était là. Il avait repoussé sa femme pour qu'elle lui laisse la place.

Tout ce que la femme de ménage a trouvé à dire, c'est :

« Vous allez sauter ?

— Oui, a répondu King Kong. Avec ma femme. »

C'est tout. Cela entendu, Ray Crawford remonte à la chambre 3170. Dans l'ascenseur, il regarde l'heure. Il est midi. Dans la chambre, le psychiatre et le pasteur se relaient pour parler avec l'homme sans arrêt, afin de l'empêcher d'agir.

« Quoi de neuf ? » demande Ray Crawford.

Le pasteur lui raconte sa conversation qui se résume à peu de chose ; il lui a dit aimablement : « Rentrez, monsieur. Nous allons examiner votre problème... »

L'autre lui a répondu : « Il n'y a plus de problème, puisque j'ai trouvé la solution !

— Voulez-vous que je vous aide à repasser par la fenêtre ?

— Si vous-même ou l'autre personne tentez d'approcher, je saute ! »

Le reste est à l'avenant... Ray Crawford s'approche du psychiatre :

« A votre avis, vous croyez qu'il va sauter ?

— Je ne sais pas, mais c'est possible, regardez ! »

Et il montre les fenêtres du building d'en face. C'est épouvantable. A chaque fenêtre se pressent des journalistes. Certains ont des magnétophones et des micros. Des caméras pointent, au moins une quinzaine. C'est une aubaine pour la radio et la télévision qui réalisent des émissions en direct. Alors, pour ne pas avoir l'air d'un lâche devant deux cents millions d'Américains, l'homme n'a plus qu'une issue : sauter.

Pourtant, lorsqu'il passe à son tour la tête entre les rideaux, le regard de Ray Crawford croise celui du désespéré, et il ne lui donne pas l'impression d'être tellement déterminé à mourir, à tuer sa femme, ou les deux. Sinon, il y a longtemps qu'il l'aurait fait. Tout se passe comme s'il attendait quelque chose. Mais quoi ?

Les heures s'écoulent lentement. Toute

l'Amérique doit suivre avec passion à la radio ou à la télévision ce reportage exceptionnel, d'ailleurs pauvre en rebondissements. A trois heures de l'après-midi, l'homme et la femme n'ont toujours pas bougé. Celle-ci s'est allongée sur la corniche, le visage tourné vers le mur, et son mari s'est accroupi. Impossible de parler avec elle, et lui ne répond pas aux questions qu'on lui pose.

Des psychiatres, des psychanalystes, des prédicateurs de tout poil, des hurluberlus surgissent de partout, impitoyablement refoulés par le service d'ordre. Les télégrammes s'amoncellent, et le téléphone crépite sans arrêt. A tel point que Ray Crawford, le policier chargé de l'affaire, a fait établir une liaison directe avec le F.B.I. à Washington, où se trouve le bureau d'Interpol.

Pour le moment, c'est vrai, les seuls faits nouveaux ne peuvent venir que de là : depuis la France, d'où sont originaires cet homme et cette femme et le mystérieux M. Casier.

Vers quinze heures trente, enfin, arrivent les premiers renseignements fournis par Interpol. Il n'y avait personne au domicile de M. et Mme Fribourg, mais un enquêteur a réussi à joindre les parents de la femme. Et voici le résumé de leur déposition :

« M. et Mme Fribourg, mariés depuis six ans, ne s'entendaient plus. La frêle et jolie Mme Fribourg a rencontré il y a quelques mois un parfumeur français vivant à New

York, et ils ont résolu de vivre ensemble aux États-Unis, après une lune de miel à Tahiti. Craignant la fureur de son mari — un homme sans reproches, mais réputé pour ses colères —, Mme Fribourg a pris l'avion en secret hier soir, lui laissant une lettre d'adieu. Le dénommé Casier, réglant quelques affaires, devait retrouver ce soir Mme Fribourg pour qu'ils prennent l'avion ensemble pour Tahiti, via Los Angeles. Mais M. Fribourg ne s'est pas contenté d'encaisser le coup sans réagir. En interrogeant à droite et à gauche, il a réussi à savoir où sa femme allait descendre. Il est parti comme un fou dans l'avion suivant, après avoir proclamé qu'il tuerait l'homme qui lui avait pris sa femme. »

Comme un éclair, la lumière se fait dans l'esprit de Ray Crawford. Cet homme n'est pas venu ici pour se tuer ou pour tuer sa femme, mais pour tuer son rival. Il court au bureau du portier.

« Écoutez-moi bien, c'est très important. Ce M. Casier, c'est l'amant de Mme Fribourg. Avec le ramdam que font la radio et la télévision, il va sûrement rappliquer. Vous me prévenez dès qu'il arrive. Il ne faut pas le laisser monter. »

Sur ces derniers mots, le portier a pâli.

« C'est trop tard, lieutenant. Il fallait me le dire. Il vient de monter.

— Il y a combien de temps ?

— Dix minutes, à peine. »

Lorsque Ray Crawford débouche sur le palier du 22e étage, l'excitation de la foule est à son comble, mais elle s'écarte pour laisser passer, menottes aux mains et entre deux policiers, un King Kong calme et détendu, suivi d'une petite femme en robe rouge qui sanglote en titubant.

Grâce à la déposition des personnes qui étaient à ce moment-là dans la chambre 3170 et aux images innombrables prises par les agences de presse et la télévision, il n'est pas difficile de reconstituer ce qui s'est passé.

A quinze heures trente-cinq, la tête d'un bel homme blond apparaît entre les deux doubles rideaux. C'est Casier. Depuis la chambre, on l'entend appeler : « Jeanne, Jeanne, c'est moi, c'est Paul. »

Les caméras enregistrent le sursaut de la femme, tandis que King Kong, jusque-là accroupi, se dresse.

Sur le film, on voit le colosse qui chancelle. Sans doute le dénommé Casier a-t-il cru déceler chez lui une lueur d'incertitude... d'autant qu'il a brusquement levé la main devant ses yeux. Depuis la chambre, on entend Casier demander :

« Qu'est-ce qu'il y a ?
— J'ai le vertige. »

Et, sur le film, on voit King Kong soudain tremblant tendre la main.

Depuis la chambre, on entend Casier dire :
« Tenez bon. J'arrive. »

Les caméras le voient enjamber le rebord de la fenêtre. Depuis la chambre, on entend le colosse murmurer :

« Je savais que vous viendriez. »

Et les caméras le voient tirer d'un coup sec, avec une extraordinaire brutalité, le malheureux homme qui, totalement surpris, tombe dans le vide sans lâcher le double rideau auquel il s'était un instant désespérément accroché.

C'était bien le genre de psychologie auquel s'attendait Ray Crawford de la part d'un King Kong.

DO NOT DISTURB

PRÉAMBULE : s'agissant d'une affaire politique, les auteurs ont décidé d'observer ici une neutralité rigoureuse et une prudence de serpent. En même temps qu'ils se cantonnent dans ce que l'on appelle en photographie un flou artistique, c'est-à-dire qu'il ne sera question ni de « gauche » ni de « droite », l'action sera située en des pays où elle n'a pas eu lieu et les noms des personnages seront modifiés.

L'affaire se situerait donc aux îles Baléares où se tiendrait, à Palma la capitale, un congrès politique. Ce congrès réunissant les tenants de certaines options qui, selon les pays, appartiennent à des tendances diverses. Ils sont environ deux cent cinquante venus de tous les horizons, pour être répartis dans un certain nombre d'hôtels.

Le drame éclate lorsque, le lundi matin,

alors que le congrès est fini depuis l'avant-veille et que la plupart des congressistes ont repris l'avion, une femme de ménage découvre le cadavre d'Emi Jasper, député au Bundestag, le parlement de l'Allemagne fédérale. Il baigne non point dans l'eau de sa baignoire, mais dans les draps de son lit, détrempés par son propre sang qui a abondamment coulé de son crâne défoncé.

Hurlement et stupeur dans la presse, et, vu la personnalité de la victime, c'est le chef de la police de Palma lui-même qui prend l'affaire en main. Toujours pour éviter des ennuis, ce moustachu sexagénaire restera tout bêtement le « chef de la police ». Outre ses compétences professionnelles et le fait qu'il a réussi à élever convenablement trois enfants, le chef de la police a une autre vertu : il a servi avec la même fidélité et le même scepticisme deux régimes de tendance opposée, et il ne croit pas du tout, mais alors pas du tout, ni au caractère sacré des idéaux, ni à la probité intellectuelle des tribuns politiques.

Aussi, lorsque deux heures après la découverte du crime il entre dans la chambre où se trouve le cadavre, il n'a aucune idée préconçue. Il tient pour nuls : les avertissements du ministère de l'Intérieur, qui remarque que ce crime pourrait être l'œuvre d'agents provocateurs de la droite, et pour zéro la suggestion de l'ambassadeur, qui suggère que l'attentat pourrait au contraire avoir été perpétré par un tueur téléguidé par l'extrême gauche allemande, nationalité de Emi Jasper.

Le chef de la police ne voit qu'un cadavre blanc et raide, complètement vidé de son sang. Et, surtout, il voit quelques objets sur un meuble près de la télévision.

Or toutes les données du problème sont là, dès le départ, s'offrant aux yeux inquisiteurs et tranquilles du chef de la police, qui ne s'en doute pas. Ces objets sont : un appareil photographique de marque Canon avec un objectif de 50, une valise métallique remplie de mousse de polystyrène dans laquelle ont été ménagées des cavités pour y placer l'appareil et ses accessoires, un agenda de poche à reliure de cuir et un tout petit bout de papier, sans doute un morceau d'enveloppe. Enfin, la télévision muette, mais dont l'écran est resté allumé.

Le chef de la police se tourne vers le médecin légiste :

« Comment a-t-il été tué ?

— Avec un objet contondant, qui devait porter une gravure.

— Quel genre de gravure ?

— Nous avons photographié les plaies, il faudra les faire développer pour obtenir des agrandissements.

— Combien de coups ?

— Une douzaine au moins. Et tous sur la tête.

— Et ça remonte à quand ?

— Hier, dimanche, dans l'après-midi. »

La conclusion du médecin légiste est en effet confirmée par tous : la femme d'étage de l'hôtel qui a fait le ménage hier matin, le concierge qui a remis sa clef à Emi Jasper hier vers trois heures de l'après-midi. Quelques médicaments sur la table de nuit, la télévision dont l'écran est resté allumé indiquent qu'il a été assassiné alors qu'il s'était couché pour soigner une grippe.

On joint par téléphone, en Allemagne, trois confrères ou amis de même nationalité, délégués comme lui à ce congrès, descendus dans le même hôtel, mais rentrés chez eux par l'avion de la veille. Ils déclarent qu'en effet Emi Jasper s'était plaint de la grippe et qu'il les avait avertis qu'il ne prendrait l'avion que le lendemain lorsqu'il irait mieux.

Dans les déclarations d'un médecin qui lui a rendu visite vers quatre heures de l'après-midi ce dimanche, rien ne vient contredire ces témoignages. Et le chef de la police conclut :

« Nous verrons par la suite, mais je doute fort que ce soit un crime politique. »

Malheureusement, quel que soit le motif d'un crime, si la victime est un homme politique, on ne peut l'empêcher de devenir une affaire politique.

Le chef de la police a retrouvé son grand bureau confortable, qui donne sur un parc où le pas lourd des policiers allant et venant se mêle au grelottement des jets d'eau, au froissement de la ramure des palmiers lorsque souffle, comme ce matin, la brise de mer.

Il a sur son bureau le dossier, encore mince pour l'instant, de l'affaire. D'abord quelques photos, dont plusieurs bien curieuses. Ce sont des agrandissements des plaies relevées sur le cuir chevelu et le front de la victime. Celles relevées sur le front sont évidemment les plus nettes. Elles font apparaître que les coups ont été frappés avec un engin taillé d'une façon bizarre, comme s'il avait porté des centaines de facettes pointues, que l'on voit très bien à la loupe, et que l'on pourrait appeler une taille pointe de diamant.

« Qu'en pensez-vous ? demande le chef de la police à son plus proche collaborateur.

— Je pense que si le meurtrier a utilisé une arme peu courante, et sans doute même un objet nullement destiné à tuer les gens, cela renforce votre hypothèse qu'il ne s'agit pas d'un crime politique.

— Quoi d'autre ?

— Mes premières investigations établissent que le criminel a voulu non pas dissimuler son crime, mais en retarder la découverte, les draps ont été relevés presque jusqu'au menton du cadavre, le coin d'un oreiller rabattu sur le front, sans doute pour dissimuler les plaies. La télévision n'a pas été éteinte, mais le son en a été coupé. Sans doute le meurtrier craignait-il que l'hôtel, diffusant un programme tard jusqu'au milieu de la nuit, les occupants des chambres voisines se soient manifestés. Mais il n'a pas su, ou bien pas eu le sang-froid, d'arrêter la télé, il en a simplement coupé le son. L'objet qui a tué n'a pas été retrouvé. Enfin, la pancarte « no disturb » (ne dérangez pas) était accrochée à la poignée extérieure de la porte.

— Et les clefs ?

— Toutes les clefs des chambres de l'hôtel sont différentes, et seul le personnel en possède le double. Les passe-partout, au nombre de quatre, sont en principe entre des mains sûres. D'ailleurs, l'interrogatoire du personnel n'a donné aucun résultat... Le portier ne se souvient pas qu'une personne ait demandé à voir la victime, sinon le médecin.

— Alors, comment le meurtrier est-il rentré ?

— Je pense qu'Emi Jasper aurait pu ouvrir sa porte de lui-même... à quelqu'un qu'il connaissait bien, ou ayant un motif logique et suffisant pour être invité à pénétrer.

— Sur l'agenda, qu'avez-vous trouvé ?

— Peu d'indications : des rendez-vous professionnels à Bonn, et très souvent, au moins trois fois par semaine, l'emploi du temps de la fin d'après-midi est simplement barré d'une croix. Rendez-vous galants de cinq à sept, évidemment. Pour les derniers jours depuis sa présence ici, rien n'est indiqué.

— On n'a rien volé ?

— Ni les devises, ni les objets de valeur, ni l'appareil photographique, ni l'attaché-case d'Emi Jasper qui contenait ses dossiers, rien n'a été volé. Et les mœurs de la victime doivent être absolument normales, du moins à ce que l'on en connaît. Le crime est vraiment inexplicable, si l'on repousse la raison politique.

— Mais non, ce n'est pas politique », grogne le chef de la police.

En Allemagne, le bureau national d'Interpol a été alerté et a transmis la demande d'enquête à la police allemande, du bout des doigts. Car l'organisation internationale de police criminelle répugne à se mêler d'affaires un tant soit peu politiques.

Interpol transmet à Palma, dans la journée, le curriculum de la victime. Avocat, élu député il y a huit ans alors qu'il avait quarante-deux ans, c'était un très séduisant quinquagénaire disposant d'une fortune personnelle. Il ne semblait pas être un bourreau de travail, et même ses ambitions politiques paraissaient relativement limitées. Il possédait une garçonnière somptueuse à Bonn et une maison dans la Forêt-Noire. Personne ne paraît avoir été averti de sa décision de retarder son retour. Personne ne paraît frappé par l'annonce de sa mort. Personne n'a fondu en larmes... Les parents ne sont que des amis, et ses amis ne paraissent être que des relations.

Sa seule passion semble être la pêche aux gros poissons et les femmes. C'est d'ailleurs le seul point sur lequel le rapport présente un intérêt :

« Une femme élégante et très jolie se serait présentée à son domicile, à Bonn, dans l'après-midi du lundi. Ayant appris qu'il n'était point de retour, elle serait repartie dépitée et sans donner son nom à la gardienne de l'immeuble. Celle-ci déclare avoir déjà rencontré une fois ou deux cette femme dans l'escalier alors qu'elle rendait visite au séduisant député. » Le chef de la police fait la moue, car c'est maigre. Il attend maintenant qu'Interpol lui transmette d'autres rapports concernant les confrères de la victime, trois autres délégués qui semblent avoir été plus ou moins de ses amis, ayant demeuré dans le même hôtel. A l'heure qu'il est, la police fédérale allemande, avec toute la politesse et la prudence d'usage, doit les interroger.

Vers cinq heures de l'après-midi, l'un des experts téléphone au chef de la police.

« Nous avons peut-être identifié l'arme du crime. C'est un téléobjectif ou un zoom d'appareil photographique. Les traces en forme de pointe de diamant pourraient avoir été causées par ça. Il en existe d'assez longs et d'assez lourds pour permettre un meurtre. Certaines marques utilisent un système dit « à pompe », pour donner une meilleure adhérence, l'équipent d'une bague en caoutchouc très dure offrant cet aspect « pointe de diamant ». Il existe notamment un objectif de 300 millimètres et surtout un zoom 100/200 de marque Canon : la marque de l'appareil qui a été retrouvé dans la chambre de la victime. Et, dans la valise photo, il était prévu une cavité pour un long objectif qui n'a pas été retrouvé, lui.

— Vous croyez qu'on peut tuer avec ça ?
— Oui. Si l'on est très en colère, bien sûr, et assez fort. »

Ainsi, brusquement, une hypothèse qui pourrait faire avancer l'enquête vient à l'esprit du chef de la police : le meurtrier, par un moyen ou par un autre, entre dans la chambre. Il n'a pas prémédité son crime, sinon il serait armé. Mais il a une discussion avec la victime et, pris d'une rage meurtrière, saisissant le téléobjectif ou le zoom qui se trouve sur le meuble près de la télévision, il en frappe Emi Jasper.

Dans ce cas, le criminel devait être sinon un familier de la victime, du moins une personne ayant avec lui certaines relations pouvant aboutir à un différend suffisamment grave pour la conduire jusqu'au meurtre.

Le chef de la police en conclut qu'il est décidément très important de mieux connaître les autres délégués allemands, surtout ceux qui se trouvaient dans l'hôtel le même dimanche qu'Emi Jasper.

Le premier délégué, ancien boucher devenu industriel et force de la nature, dur en affaires, mais ayant femme et enfants, et à qui, d'une façon générale, on ne peut rien reprocher d'autre que la passion de l'argent et la fréquentation, d'ailleurs épisodique, des prostituées. Il connaissait finalement très peu la victime et n'avait avec elle aucun conflit. Il entretenait avec elle des relations politiques tout à fait élémentaires.

Le deuxième, journaliste à la télévision, connaissait bien Emi Jasper, car il partageait sa passion pour la pêche. Ils ont fait quelques croisières ensemble. Mais rien ne semble les opposer, ni les intérêts financiers ou politiques, ni les mœurs.

Enfin, le troisième, dirigeant d'une maison de crédit, marié, deux enfants, est membre de la commission des Finances. C'est un homme rangé, calme et sérieux, il a rencontré Emi Jasper au Bundestag. Mais jusqu'alors ils ne se connaissaient pas, sinon de vue.

Comment imaginer que l'un de ces trois hommes ait eu avec la victime, à 3 000 kilomètres de Bonn, un différend si grave qu'il en soit résulté un crime. C'est tout à fait invraisemblable.

Alors, le chef de la police étale devant lui quelques feuillets gribouillés, hachurés, écrits avec des stylos divers et des encres de toutes les couleurs ; l'un des objets trouvés sur le meuble près de la télévision : c'est le répertoire téléphonique d'Emi Jasper.

Ce n'est pas à proprement parler un répertoire téléphonique, du moins il n'est pas à usage professionnel. Il s'agit de quelques feuilles volantes, glissées dans la pochette de la reliure en cuir de l'agenda de la victime. Emi

Jasper, par paresse, s'est contenté de les arracher à un agenda précédent plutôt que de les recopier sur le nouveau, et cela doit durer depuis deux ou trois années, car les feuillets sont plus ou moins salis et froissés.

Tandis que sur place la police essaie de reconstituer l'emploi du temps d'Emi Jasper lors de son séjour à Palma, à la demande d'Interpol, la police fédérale allemande commence un long et fastidieux travail. Il s'agit d'identifier toutes les personnes dont le numéro de téléphone se trouve dans le répertoire pour essayer de connaître leur lien avec la victime, savoir où elles se trouvaient au moment du crime, etc.

Ceci, malheureusement, ne donne aucun résultat. Dans cette liste figurent quelques maîtresses délaissées, quelques maris bafoués, mais personne n'ayant séjourné aux Baléares au moment du crime. Quant à l'emploi du temps d'Emi Jasper pendant son séjour à Palma, il se révèle affreusement décevant.

C'est finalement le brave policier allemand enquêtant pour le compte d'Interpol qui, plus d'un mois après le crime, prend son courage à deux mains et téléphone à Palma :

« Dites donc, demande-t-il à son correspondant qui répond dans un anglais pénible, vous m'avez donné la liste complète des gens qu'il fallait contacter ?

— Oui, on vous a envoyé la photocopie de tous les feuillets qu'on a trouvés.

— Et vous êtes sûr qu'il n'en manque pas ?

— Pourquoi ?

— Eh bien, parce que, sur cent cinquante-six noms, je n'ai que trois noms commençant par un S et aucun nom commençant par un T. »

La remarque, en effet curieuse, remonte très vite jusqu'au chef de la police. Il est impossible qu'Emi Jasper n'ait connu que trois personnes dont le nom commence par un S et personne dont le nom commence par un T. Est-ce que le meurtrier aurait dérobé une feuille du répertoire parce que son nom s'y trouvait et pour qu'on n'établisse pas, de cette façon, des relations entre lui-même et la victime ?

C'est possible mais comment le prouver ?

C'est relativement facile, remarque la police allemande. C'est vrai, un nom commençant par un T aurait dû au moins figurer dans le répertoire d'Emi Jasper ; celui de son notaire avec qui il est en rapport constant, et qui s'appelle Tucherer. Il possède plusieurs numéros de téléphone, tant à Bonn qu'à Munich, où se trouvent ses bureaux, et dans la Forêt-Noire, où il réside chaque week-end. Aurait dû figurer aussi le nom de l'un des trois délégués allemands qui se trouvaient à l'hôtel de Palma le jour du crime, puisque les deux autres y figurent. Or il n'y figure pas et il s'appelle Singer, avec un S.

Mais Singer est le brave père de famille qui dirige une maison de crédit, membre de la commission des Finances, homme connu pour son sérieux, son calme et sa moralité. On ne voit pas pourquoi Singer aurait dérobé la feuille du répertoire où figurait son nom, puisque de notoriété publique il connaissait Emi Jasper. Son geste n'aurait eu aucun sens, et la police fédérale allemande abandonne la piste.

Elle l'abandonne d'autant plus facilement qu'une gigantesque campagne s'est déclenchée brusquement dans la presse allemande. Le genre de campagne atroce destinée à nuire à un parti politique que l'on vise à travers un seul homme. Dans ce cas c'est facile, car l'homme est mort. On peut donc tout dire et tout imaginer.

« Ce sont les extrémistes de droite qui ont assassiné Jasper, parce qu'il s'apprêtait à déposer un projet de loi qui, que... »

« C'est un crime ayant pour origine des relations douteuses entre Jasper et un jeune gauchiste. » Etc.

Mais le chef de la police de Palma a une autre idée. Il se souvient qu'une femme est venue voir Jasper le lundi qui a suivi sa mort. Il n'était évidemment pas là. Et elle est repartie dépitée. Et si c'était la femme de Singer ? Et qu'il s'agisse tout bonnement d'un drame de la jalousie. C'est peu probable, mais cela doit être vérifié.

Par l'intermédiaire d'Interpol, il fait contacter Mme Singer sur la pointe des pieds. C'est une femme ravissante.

« Connaissiez-vous M. Emi Jasper ?

— J'en ai entendu parler par mon mari. J'ai lu son nom dans les journaux, mais je ne l'ai jamais vu. »

Trois jours plus tard, Interpol transmet une nouvelle demande au chef de la police de Palma : « Montrez la photo de Mme Singer à la concierge de Jasper. »

En renaudant, la police fédérale allemande s'exécute. Et c'est la stupeur !

« Je crois la reconnaître, dit la concierge. Je crois que c'est elle qui est venue souvent voir M. Jasper ces derniers temps.

— Cette femme se trompe. Je n'ai jamais mis les pieds chez ce monsieur... » réplique Mme Singer, outrée.

Comment en sortir ? En récapitulant les pièces à conviction. C'est ce que fait le chef de la police : un petit morceau de papier provenant sans doute d'une enveloppe déchirée. Le papier est analysé, transmis à la police fédérale qui compare avec les enveloppes dont Mme Singer usait durant les dernières semaines ; et cette fois, le député Singer, le brave père de famille, est contraint d'avouer la vérité.

Quelques jours avant le congrès de Palma, il acquit la conviction que sa femme, qu'il faisait suivre par une agence de police privée, le trompait avec Emi Jasper, qu'elle avait rencontré en l'accompagnant au Bundestag.

Pendant le congrès de Palma, ils eurent

l'occasion d'échanger quelques propos à ce sujet, conversations furtives et sans suite.

Le dimanche, Singer voulut voir Jasper une dernière fois et lui intimer l'ordre de renoncer à rencontrer sa femme. Celui-ci lui fit lire alors une lettre de son épouse lui annonçant qu'elle allait divorcer.

Singer lui arrache la lettre... saisit ce qui lui tombe sous la main : le zoom, et tue son rival. Puis il coupe le son de la télévision, arrache le feuillet du répertoire où Jasper a inscrit le nom et surtout le prénom de sa femme. Il fourre dans sa poche la lettre de sa femme dont il reste un petit morceau d'enveloppe sur le meuble, dissimule vaguement le cadavre et s'en va emmenant l'arme du crime et plaçant sur la porte le carton : « Do not disturb. »

Ce qui n'a pas empêché son parti et les autres de se lancer des horreurs au visage pendant toute l'enquête.

LE DUC DE LA MARMOUTIÈRE

Il y a des monstres humains à toutes les époques. Il faut les appeler malades ou fous, pour simplifier. Cet homme qui avance en pleine nuit, dans la campagne étrange, moyenâgeuse du village de La Trinité, dans l'île de Jersey, est forcément fou. Car il faut être fou pour se promener à onze heures du soir dans la campagne, affublé d'un masque de caoutchouc horrible, d'une perruque de cheveux hirsutes et d'un long manteau de cuir bordé de clous pointus, avec des bracelets de fer aux poignets.

L'homme qui avance ainsi le long d'une petite route, par une nuit noire de nouvelle lune, appartient au Moyen Age horrifiant des sorciers. Et pourtant, nous sommes en 1960... Mais on ne vit pas au XXe siècle, à Jersey, de 1960 à 1971. Et l'effrayante histoire du sadique et des justiciers de Jersey va durer onze ans.

Dans l'île, en 1960, il ne s'est rien passé depuis longtemps. Les soixante-treize mille habitants de cette possession anglo-normande sont paisiblement répartis sur 116 kilomètres carrés de champs de tomates et de pommes de terre. Ceux qui ne vivent pas des légumes pêchent le homard ou promènent l'été les touristes qui viennent d'Angleterre ou de France. C'est ce que fait paisiblement Barthélemy Le Bozanet. Barthélemy a quarante-six ans, il est célibataire. Ce n'est pas très rare pour un pêcheur de l'île. Il habite seul une petite maison de granit, à l'écart d'un hameau, sur la côte. Il y vit paisiblement.

Jusqu'à ce matin de janvier 1960, où l'on trouve dans un champ de pommes de terre, pas très loin de là, les cadavres de deux enfants. Une fillette de onze ans et un garçon de neuf ans, horriblement mutilés. Immédiatement, toute l'île de Jersey est en révolution, car les nouvelles vont très vite dans cet univers clos où il ne se passe jamais rien. Les deux enfants sont frère et sœur. Ils étaient sortis vers huit heures du soir, pour aller chez leurs grands-parents, à 200 mètres de la maison de leurs parents. On n'a pas peur de laisser les enfants traverser un champ le soir, dans ces villages où chacun se connaît et où jamais l'on ne voit rôder le moindre inconnu. On n'avait pas peur jusqu'à cette nuit-là. Car une chose est certaine, le meurtrier sadique est un habitant du village ou d'un village voisin. Il a fallu qu'il se trouve là à huit heures du soir, à guetter, pendant que les enfants traversaient le champ. Les parents ne se sont pas inquiétés. Les enfants allaient dormir, pour une fois, chez leurs grands-parents. Et ces derniers, ne les voyant pas venir, ont cru qu'ils étaient restés chez eux.

Cette nuit était celle de la nouvelle lune, et dans une île comme Jersey, où les mentalités sont encore d'un autre siècle, les gens croient à l'influence de ces choses-là.

Très vite se répand donc la certitude qu'il existe dans ce coin de l'île un homme apparemment honorable, qui se transforme en fou sadique les soirs de nouvelle lune. Sadique est le mot, car les deux pauvres enfants ont été suppliciés.

Et, très vite aussi, les soupçons se portent sur Barthélemy Le Bozanet. D'abord parce qu'il n'a toujours pas de femme, à quarante-six ans, et que personne ne lui en a jamais connu. Ensuite, parce qu'il vit seul, un peu à l'écart, dans cette petite maison de granit gris-noir, sur la lande battue par le vent de la mer, un coin sinistre.

Or, dans une telle histoire, le paysage influe énormément. Il conditionne même les esprits. Mais ce qui désigne surtout Barthélemy aux soupçons, c'est qu'il a l'habitude de sortir la nuit, seul, pour se promener.

Jusque-là, nul n'y faisait attention. On disait simplement : c'est un solitaire, un poète. Après tout, Victor Hugo se promenait la nuit tout seul, et dans ce même endroit, il y a cent ans. Il venait y fulminer, face à la mer, des poèmes vengeurs contre Napoléon III. Barthélemy, lui, n'écrit pas, mais jusque-là personne n'avait trouvé bizarre ses rêveries de promeneur solitaire et nocturne.

Tout change après la découverte des deux malheureux enfants, et deux policiers viennent chercher Barthélemy, pour l'emmener à Saint-Hélier et l'interroger.

On montre le poing autour de la voiture. Mais cet homme, solide, aux cheveux roux, aux yeux de porcelaine et à la barbe frisée, proteste avec indignation :

« Vous vous figurez que c'est moi qui ai entraîné ces deux enfants dans le champ ? Et qui les ai assassinés avant de les mutiler ? Vous m'avez bien regardé ? Est-ce que j'ai la tête d'un monstre ? »

Au bout de vingt-quatre heures, il faut bien libérer Barthélemy. Il n'y a aucune preuve contre lui, et les deux policiers le ramènent au village pour le déposer devant sa petite maison solitaire. Barthélemy s'y enferme, furieux, amer contre les gens du village qui l'ont désigné aux soupçons et pris pour un assassin.

Un quart d'heure après son retour, une pierre fait exploser une vitre et atterrit sur la table où il est en train de manger. Il sort pour insulter une ombre qui s'enfuit.

Le lendemain matin, bien avant l'aube, il

part en mer pour relever ses casiers à homards, toujours seul sur son bateau, comme d'habitude. Lorsqu'il revient, sa maison a été saccagée, il n'y a plus une vitre, et les meubles sont renversés, la vaisselle cassée. A partir de ce jour-là, la haine s'installe entre Barthélemy et les habitants du village.

Le jour de l'enterrement des deux enfants, toute l'île est là, sauf lui. Il n'est même pas dans sa maison, car le cortège doit passer devant pour aller au petit cimetière, en haut de la falaise. Les deux petits cercueils sont transportés sur une charrette à cheval qui fait office de corbillard. Sous le ciel chargé de nuages du mois de janvier, tout un village en noir défile devant la maison de Barthélemy. Et tout le monde entend, au moment précis où l'on passe devant, l'invocation lancée par la mère des deux pauvres petits :

« Dieu tout-puissant ! Fais connaître ta justice ! »

La malédiction est lancée ! Que l'on y ajoute le vent qui agite la bruyère, le léger grincement de la roue du corbillard, le noir des maisons et la mer qui gronde sans arrêt... Tout le village, hommes, femmes, enfants, se sent solidaire de la malédiction lancée contre Barthélemy. D'ailleurs, s'il n'ose pas se montrer à l'enterrement, c'est évidemment qu'il est coupable. Et, si la police ne peut pas le faire condamner, la population, elle, va s'en charger.

Désormais, plus personne n'adresse la parole à Barthélemy. Il en est réduit à manger ce qu'il pêche, ne pouvant plus le vendre. La nuit, de temps en temps, une pierre fait sauter les cartons par lesquels il a remplacé ses carreaux. De loin, les femmes lui lancent des injures. Il n'ose même plus traverser le village, il est prisonnier sur sa lande.

Un matin, au large, il ne trouve plus les flotteurs qui signalent ses casiers à homards. On les a enlevés, et en rentrant il trouve, cloué sur sa porte par les deux ailes, un goéland mort.

Ce jour-là, Barthélemy ramasse quelques ustensiles et outils dans son sac, il prend son bateau et s'en va. Il met le cap sur l'un des endroits les plus isolés et les plus inaccessibles du monde : l'îlot de La Marmoutière, qui fait partie d'un petit archipel rocheux redouté par tous les navigateurs de la Manche. Sur les cartes marines, il s'appelle « les Écrenous ». On n'y aborde que l'été, quand la mer est très plate. Et encore faut-il savoir éviter les récifs, car on ne compte plus le nombre de navires qui s'y sont fracassés. Il n'y a là qu'une herbe rare, toujours couchée du même côté par le vent, et deux ou trois maisons de granit en ruine, qui servaient de refuge à quelques pêcheurs, l'été. C'est là que Barthélemy Le Bozanet a décidé de vivre seul, pour le restant de sa vie. Seul avec sa haine des hommes. Or, le bruit du petit diesel de son bateau s'est à peine confondu avec le mugissement de la mer qu'un interminable hurlement de femme, venant de la lande, glace le village tout entier. C'est celui d'une femme qui vient de trouver le corps de son petit garçon de six ans assassiné, et mutilé d'une façon telle qu'elle en est indescriptible.

L'horreur de ce deuxième crime révolutionne à nouveau l'île de Jersey tout entière. Est-il possible que Barthélemy ait pu le commettre avant de s'en aller vers le bagne auquel il s'est condamné tout seul à perpétuité ?

Sur son île déserte, Barthélemy a découvert une ancienne citerne qui recueille les eaux de pluie. Pour manger, il lui faudra ramasser des coquillages ou des crustacés. A la bonne saison, il pousse aussi des espèces de choux sauvages, il le sait... Enfin, il pourra ramasser sur les rochers une sorte d'algue comestible, que les pêcheurs appellent « épinard de mer ».

Personne ne peut imaginer, sur le moment, que Barthélemy puisse être assez fou pour aller se réfugier là. Et personne, au village, ne s'était soucié de savoir où il partait, jusqu'à la découverte du troisième enfant assassiné. Plus exactement supplicié, à six ans.

A présent, on se met à chercher Barthélemy, et une foule de pêcheurs et de paysans armés attend jusqu'au soir et toute la nuit sur le quai. Les policiers venus de Saint-Hélier sont là aussi, pour empêcher que Barthélemy ne soit lynché s'il revient. Ce n'est que le lendemain matin qu'il faut se rendre à l'évidence, Barthélemy s'est enfui. Il a sûrement débarqué sur les côtes françaises de la Manche. De Saint-Hélier, les policiers préviennent Londres par téléphone. Londres avise Interpol en France, et l'on commence à vérifier les identités dans tout le Cotentin.

Mais personne n'a l'idée que l'homme puisse être sur l'îlot de La Marmoutière en plein mois de janvier. Alors qu'on a toutes les chances de briser son bateau sur les rochers qui l'entourent et qu'il est impossible de subsister sans feu et rien d'autre à manger que des coquillages.

Personne n'y pense, mais Barthélemy est là. Il connaît bien l'endroit, il a réussi à aborder. Et le plus invraisemblable est qu'il est décidé à y vivre le restant de sa vie. Un mois et demi passe. A Jersey, on a enterré le troisième enfant assassiné. Dans l'îlot de La Marmoutière, Barthélemy mange des bigorneaux, des moules et des épinards de mer. Il dort dans une petite maison de granit, et il essaie aussi d'attraper des oiseaux de mer en leur lançant des cailloux, car il n'a pas de fusil.

A Jersey, à 17 kilomètres de là, la population se sent rassurée. Du moment que le criminel a fui Jersey en bateau, les enfants ne sont plus en danger, on peut donc recommencer à les laisser sortir le soir. Alors, le 17 mars, Patricia s'en va chercher du pain. Elle a onze ans, et il est dix-neuf heures trente. Le « boulanger-épicier-boucher », seul magasin du village, ferme tard, et il y a 100 mètres à faire. Son hurlement terrifié fait sortir tout le monde. Patricia arrive en courant comme une folle et sanglote pendant de longues minutes, réfugiée dans les bras de son père. Enfin, entre les hoquets, on comprend ce qu'elle dit : elle a vu sortir, d'une ruelle qui donne sur les champs, un être épouvantable. Elle l'a bien vu, car il est passé dans la lueur du lampadaire. C'était un homme au visage tout blanc, avec des trous noirs à la place des yeux, des cheveux noirs ébouriffés et longs. Il avait aussi un manteau noir très long. Et il tendait en avant des mains avec de grands ongles crochus, comme des griffes. La fillette a l'air tellement secouée qu'elle n'invente sûrement pas. Les hommes du village prennent des lampes-torches, des fusils et font une battue pour rien.

Dès lors, la peur s'installe à nouveau, car il n'y a pas beaucoup de policiers dans l'île de Jersey, et ils ne peuvent pas passer leur temps à patrouiller tous les soirs. Tout le village se demande si Barthélemy est revenu clandestinement dans l'île et où il vivrait, car sa maison est vide.

C'est au début de juin qu'éclate la nouvelle : Barthélemy est sur La Marmoutière, où il vit seul depuis six mois. Un pêcheur du village de La Trinité l'a vu de loin. Il a pu aborder, car la mer était plate, et lui a parlé. Il a déclaré qu'il était innocent, mais ne reviendrait jamais à Jersey, dont il maudit tous les habitants. Il vit là comme une bête, mangeant des moules crues et des algues. Sa barbe et ses cheveux ont poussé, mais il est bien portant.

Alors, ce dont les policiers de Jersey se doutaient depuis le début commence à devenir évident : le monstre de la nouvelle lune ne peut pas être Barthélemy. Et cela devient une certitude le 6 septembre à l'aube, lorsqu'on trouve dans un fossé le corps d'un petit garçon de six ans et demi, supplicié exactement de la même façon que les autres. Barthélemy n'a pas pu faire 17 kilomètres en bateau, commettre ce crime atroce et repartir, car la mer est démontée. C'est donc que le monstre est un habitant du village. L'un de ceux qui s'indignent et se révoltent. L'un de ceux qui ont chassé Barthélemy, lui ont jeté des pierres et l'ont forcé à se réfugier sur cet îlot sauvage.

La terreur s'installe à nouveau dans l'île de Jersey. Et surtout dans le petit village au bord de mer, où chacun recommence à épier son voisin. Mais personne ne songe à se rendre sur l'îlot pour demander à Barthélemy de revenir et lui présenter les excuses de la population. Il a fait savoir qu'il haïssait tout le monde et préférait vivre comme une bête que revenir au milieu de ses semblables ! Et on a bien trop à faire à protéger les enfants et à chercher qui est le monstre. On cherche d'ailleurs le monstre pendant onze ans.

Onze années durant lesquelles, malgré toutes les précautions, treize enfants sont enlevés et horriblement suppliciés avant d'être tués. Ils ont tous entre six ans et douze ans. Sept petits garçons et six petites filles. Tous ont été tués par un soir de nouvelle lune. Tous ont été tués dans la région du village de La Trinité. Et, pendant ces onze années, les habitants du village, qui ne peuvent plus prendre Barthélemy pour cible, vivent dans la terreur, la méfiance et la haine, ne sachant toujours pas, ne devinant même pas qui est le monstre. Personne, pendant ces onze années, n'aura jamais plus les mêmes rapports avec son voisin, et la vie dans ce coin de l'île devient hallucinante et infernale pour les habitants.

Pendant ce temps, Barthélemy, l'innocent qu'ils ont chassé à coups de pierres, subsiste sur son îlot désertique au milieu de la Manche.

Peu à peu, chaque été, les pêcheurs prennent l'habitude de venir le voir. Il échange des homards qu'il pêche contre des conserves, il a retapé les trois maisons en ruine qui subsistaient sur l'îlot et s'est installé dans l'une d'elles. Mais sa haine pour les habitants de son village est intacte. Il vit seul, absolument seul sur son îlot, comme un véritable sauvage.

Le 1er décembre 1971, enfin, après onze ans, on arrête par hasard le vrai monstre. C'est un certain Jack Sutton, celui que l'on soupçonnait le moins, car il adorait les enfants. Il a fallu qu'il commette l'erreur de voler l'une des rares voitures de l'île de Jersey pour que les policiers l'interpellent. Il s'est enfui, et il a été vite rattrapé. Du coup, on a perquisitionné chez lui, et voici ce que l'on a trouvé sous son lit : un horrible masque de caoutchouc blanc, avec deux trous bordés de noir à la place des yeux ; une perruque de longs cheveux ébouriffés ; un long manteau de cuir bordé de clous moyen-âgeux, et des bracelets de fer... qu'il portait aux poignets.

Jack Sutton est un homme marié, père de deux enfants. Il a cinquante-huit ans. Il a une bonne bouille de paysan, avec une petite moustache, et devant les policiers il s'affuble complaisamment de son déguisement. Il raconte ensuite qu'il est allé faire un voyage en France pour voir un généalogiste, car il est persuadé qu'il descend du fameux Gilles de Rais, l'homme qui fut brûlé en place publique il y a cinq cents ans pour avoir supplicié et assassiné des dizaines d'enfants.

Jack Sutton a été condamné à mort en 1971 par le tribunal de Saint-Hélier, la ville principale de Jersey, et exécuté dans l'intimité.

Mais Barthélemy Le Bozanet, lui, est resté sur son îlot sauvage de La Marmoutière, au milieu de la Manche, à mi-chemin entre Jersey et la côte de France. Il a déclaré : « Jersey m'a crucifié. Je mourrai ici. »

Mieux que cela : grâce à un Anglais venu le voir un été, un jour où la mer était plate, il a découvert la situation administrative du petit archipel rocheux des Écrenous. Il prétend qu'étant le seul à y habiter depuis 1960 il en est devenu le propriétaire et le seigneur. Il a écrit à la reine d'Angleterre, par l'intermédiaire d'un pêcheur, demandant à être nommé duc des Écrenous, baron de la Marmoutière. Il a reçu, l'été suivant, une réponse évasive, mais une réponse tout de même, car les Anglais ne badinent pas avec les titres. Et depuis il attend, là-bas, seul sur son rocher désert, depuis vingt ans. Mangeant des coquillages, des homards et des épinards de mer. Il a maintenant soixante-dix-huit ans. Il faut attendre le mois de juin de chaque année, quand la mer est praticable, pour savoir s'il a résisté à l'hiver. Y est-il encore pour le prochain ?

UN STANDARD A BORA-BORA

UNE jeune fille aux cheveux blonds en bataille, en jean et tee-shirt usé, appelle depuis le téléphone du bureau de la patronne d'une petite pension de famille de Munich. Ici, rien de reluisant : meubles en plastique et métal chromé, d'un moderne dépassé, d'une propreté relative. La jeune fille n'est ni belle ni laide, dix-huit ans, les yeux verts, grande et bien faite, elle appelle sa mère à l'hôtel Bora-Bora à Bora-Bora, en Polynésie. Son visage placide contemple pendant ce temps un horrible calendrier des postes, mai 1978 y est représenté par un paysage de printemps frileux.

A Bora-Bora, dans l'hôtel Bora-Bora, la standardiste est une ravissante Polynésienne éclatante de santé, dorée, avec une magnifique chevelure noire. Elle a le geste lent, la pensée tranquille, une sainte horreur des soucis et de la précipitation. En même temps qu'elle répond au téléphone, elle compte le nombre de repas qui ont été servis depuis le début de l'année. Car l'hôtel vient d'être racheté par des Américains et ils veulent des statistiques.

Soudain le petit standard fait entendre un ronronnement. La standardiste porte le combiné à son oreille et regarde l'heure : il est vingt heures cinquante et le standard ne ferme que dans une heure.

« Ici le Bora-Bora, j'écoute... »

Il a fallu trois semaines pour lui apprendre à répondre de cette façon.

« Je voudrais parler à Lena von Munch. »

La standardiste pense en elle-même : « Encore un coup de téléphone pour la vedette. » Lena von Munch est en effet une actrice allemande qui, voici vingt ans, tenait des premiers rôles au cinéma. Mais alors qu'elle est reléguée dans les petits rôles, à quarante-cinq ans, rien dans ses attitudes ou son train de vie ne laisse deviner un déclin. C'est toujours la « vedette », exubérante, resplendissante et factice. Généralement le personnel des hôtels ne l'aime pas beaucoup et la standardiste du Bora-Bora ne fait pas exception à la règle.

« Je ne peux pas vous la passer, explique-t-elle. Le bungalow n° 8 est en ligne. Vous attendez ou vous préférez rappeler ? »

Dans sa petite pension de famille à Munich, la jeune fille fait la moue. Elle sait que les coups de téléphone de sa mère sont souvent interminables. Si elle attend, elle risque de payer une fortune.

« Dites-lui que sa fille l'a appelée, et qu'elle laisse tranquille son téléphone. Je la rappellerai dans un quart d'heure... » Et elle raccroche.

A Bora-Bora, la standardiste, distraitement, repose le combiné.

Dans le bungalow n° 8, la « vedette », Lena von Munch, est en pleine discussion téléphonique avec la femme de son amant. Milieu dépravé ou mépris des convenances bourgeoises, Lena von Munch est venue passer quinze jours à Bora-Bora avec un financier munichois dont elle est la maîtresse depuis deux ans. Et depuis dix-huit mois elle entretient avec la femme de celui-ci les meilleures relations. Mais ce soir, la conversation est loin d'être détendue :

« Il me trompe, dit la vedette, depuis que nous sommes arrivés. Cette femme est très riche. Je suis sûre que ce n'est pas une passade. Il fallait absolument que j'en parle à quelqu'un. »

La belle Lena von Munch, dans son paréo sophistiqué, a le teint gris malgré sa peau bronzée, ses mains tremblent et ses yeux lancent les éclairs...

« Je lui ai dit que je n'accepterai jamais qu'il me quitte.

— Mais, ma pauvre amie, qu'est-ce que vous

voulez faire, moi-même sa femme, je n'ai pas pu l'empêcher de me quitter. »

Il y a un long silence et la vedette s'explique d'une voix sourde :

« J'ai acheté un revolver à Papeete. Si je ne peux pas l'empêcher je le tuerai.

— Mais, vous dites des bêtises, Lena. Vous avez vraiment acheté un revolver ?

— Oui, je vous le jure.

— Mais c'est de la folie, pensez à vos enfants.

— Mes enfants sont grands. Ils n'ont plus besoin de moi. D'ailleurs, ils ne m'ont pas donné signe de vie depuis que je suis ici.

— Mais vous dites n'importe quoi, Lena ! Votre fille m'a appelée tout à l'heure pour avoir votre numéro de téléphone. Elle était inquiète d'être sans nouvelles. Je suis sûre qu'elle va vous appeler...

— Elle aurait pu le faire plus tôt.

— Mais enfin Lena, rendez-vous compte ! Elle n'a pas d'argent ! Vous êtes inconsciente. Ça coûte une fortune d'appeler de Munich en Polynésie. »

A dix mètres de là dort une plage de sable blanc, encore chaud malgré la nuit. De minuscules vaguelettes viennent y mourir, le miroitement de la lune est blanc sur le lagon tranquille, le grondement du Pacifique se brise au loin sur les récifs. Au-dessus des cocotiers, le sommet de l'île émerge comme le clocher d'une cathédrale massive, et pour beaucoup de voyageurs, Bora-Bora c'est la plus belle île du monde. Pourtant dans ce bungalow merveilleux, malgré la présence constante de témoins invisibles suspendus au téléphone depuis Munich, un drame va se produire.

A Munich, dans le bureau tristounet en plastique et métal chromé de la pension de famille, la fille appelle de nouveau sa mère à Bora-Bora.

Au standard de l'hôtel, la belle Polynésienne, une fois encore, regarde l'heure : vingt et une heures cinq. Décidément, le temps ne passe pas vite ce soir.

« Ici le Bora-Bora, j'écoute.

— Je voudrais parler à Mme Lena von Munch.

— Il faut patienter, le bungalow n° 8 est en ligne.

— Encore !

— Comment encore ?

— Ben oui, j'ai appelé il y a un quart d'heure et c'était déjà occupé.

— Lena von Munch a demandé un autre numéro.

— Comment ! Vous ne lui avez pas dit que j'avais appelé ?

— Pour les messages, il faut demander la réception. »

Au bout du fil, la jeune Munichoise s'énerve.

« Il fallait me le dire. De toute façon, vous auriez pu me rendre ce service.

— Vous n'aviez qu'à rester en ligne.

— Au prix que ça coûte ! »

En moins de temps qu'il ne faut pour le dire, la conversation dégénère. Il est difficile à une jeune Allemande de Munich, qui appelle en pleine nuit, de se mettre à la place d'une standardiste polynésienne de Bora-Bora, qui trouve le temps long devant son téléphone en faisant des statistiques qui lui paraissent inutiles et stupides. Mais il est tout aussi difficile à une Polynésienne de Bora-Bora, dont le caractère profond est la plus totale insouciance, de comprendre les angoisses d'une jeune Munichoise, fille de vedette apparemment bourrée de fric qui ne veut pas rester en ligne parce que ça coûte trop cher.

Après un échange de paroles désagréables, la standardiste a bien entendu le dernier mot. Elle dit :

« Je vous mets en attente. »

Une longue attente commence donc pour la jeune Munichoise qui compte les minutes, des minutes qui sont autant de deutsche marks gaspillés.

Dans le bungalow n° 8, Lena von Munch, assoiffée d'explications téléphoniques, a raccroché. Et aussitôt, elle a redemandé un autre numéro. Celui de la mère de son amant cette fois. Décidément l'actrice entretient des rapports inhabituels avec l'entourage féminin de cet homme. Car il est rare qu'une maîtresse soit en bons termes en même temps avec la femme et la mère de l'homme qu'elle leur a volé, somme toute... Assise sur le lit, devant la porte du bungalow grande ouverte, insensible à la nuit paradisiaque, elle a le visage mouillé de pleurs, son agitation grandit et ses gestes sont de plus en plus incontrôlés. Sur une table de nuit une bouteille de whisky, et un verre où fondent des glaçons.

A l'autre bout du fil, une petite dame aux cheveux blancs, dans un minuscule et coquet appartement de Munich. Au début elle entendait gémir Lena sans sourciller. Elle a l'habitude. Il y a longtemps qu'elle a renoncé à tenir la comptabilité des maîtresses de son fils et à participer à leurs angoisses. Mais maintenant, l'agitation de celle-ci l'inquiète.

« Tous les prétextes sont bons, explique Lena. C'est une Américaine, une milliardaire, son père a des usines de jambon. Elle n'est pas mal. Évidemment elle est jeune ! Alors il part avec elle faire du ski nautique ou à la pêche au barracuda. Après le dîner il a disparu une fois de plus. Ça fait huit jours que ça dure. Il m'a dit qu'il l'aimait et que si je l'empêchais de la voir, demain il me reconduirait à l'avion. Je lui ai dit que s'il faisait ça je le tuerais... Mais il ne me croit pas. Alors vous allez lui dire, vous. Quand il va arriver je vais vous le passer et vous allez lui dire. »

A Munich la vieille dame sent brusquement l'angoisse l'envahir... Lena n'est pas dans son état normal.

« Vous avez bu Lena... Allô... »

Mais il y a un long silence... Enfin à Bora-Bora, Lena von Munch murmure :

« Le voilà... C'est lui. »

A Munich, la vieille dame entend qu'on pose le combiné du téléphone. Elle imagine son fils, beau, sportif et blond, qui vient d'entrer dans la pièce. Elle est fière de son élégance, de ses costumes d'alpaga, de ses cravates et de sa Jaguar, mais beaucoup moins fière de la façon dont il gagne sa vie. Écrasé de charges, non seulement il doit faire vivre femme et enfants, mais entretenir sur un pied élevé sa maîtresse, ne renonçant jamais au moindre plaisir, prenant pour un oui ou pour un non l'avion pour New York ou pour Tokyo, pour les Caraïbes ou pour Bora-Bora. Elle n'a jamais rien compris à ses affaires qu'elle devine aléatoires et obscures et constate que non seulement il connaît des hauts et des bas, mais qu'il est en définitive criblé de dettes.

Pour le moment, elle n'entend venir de l'île lointaine que des bribes confuses de conversation. Et plusieurs fois prononcés par son fils, les mots « calme-toi », « reprends-toi » et « expliquons-nous sans cris ». Puis une main saisit le combiné.

« Allô, c'est toi Maman ?

— Oui, mon chéri.

— Comment vas-tu ?

— Moi je vais bien, mais je suis inquiète pour toi, tu as parlé avec Lena ?

— Oui ne t'inquiète pas, Maman, ça s'arrange. Au revoir, je te rappellerai demain. »

Et il raccroche.

Il est vingt et une heures dix quand la belle Polynésienne en faction devant le standard voit que la communication vient de s'interrompre au bungalow n° 8. Elle s'apprête à le mettre en relation avec la jeune fille de Munich, mais s'aperçoit que celle-ci a renoncé à rester en attente. Elle grogne :

« Tant pis pour Mademoiselle la fille de la vedette, ça lui fera les pieds ! »

D'ailleurs, le bungalow n° 8 rappelle aussitôt et c'est l'homme qu'elle a au bout du fil. C'est un beau garçon riche comme Crésus, elle pense qu'elle ferait bien un petit tour dans la cocoteraie avec lui et ne songe pas à le prévenir que la fille de Lena von Munch vient d'appeler par deux fois.

« Pouvez-vous me demander le 89-70-16 à Munich en Allemagne ? »

Quelques instants plus tard, l'homme du bungalow n° 8, en costume d'alpaga couleur tabac, parle à son avocat.

« Allô, Einrich, je viens d'avoir une discussion avec Lena, je veux reprendre ma liberté. Je ferai ce que je peux pour l'aider, mais elle ne veut pas croire que je ne peux pas grand-chose, que je suis au bout du rouleau, que je n'ai plus rien. Explique-lui, je te la passe et tâche de la calmer. »

Il est inutile de s'étendre sur la conversation

de Lena et de l'avocat, sauf pour la résumer :

« Il n'a plus rien peut-être, dit la vedette, mais ce n'est pas une raison pour me tromper.

— Sauf si cette femme est très riche, explique l'avocat.

— Dans ce cas, je vais le tuer », conclut Lena von Munch.

Il est vingt et une heures vingt-cinq lorsque la femme du financier rappelle. En vérité, elle n'a jamais cessé d'aimer son mari et la conversation téléphonique qu'elle a eue quelques instants plus tôt avec Lena l'inquiète. Elle pense qu'elle doit essayer de la calmer.

Au même instant, nouvel appel sur le standard. C'est à nouveau la fille de Lena.

« Trop tard, ricane la Polynésienne, il fallait rester en ligne, quelqu'un vient d'appeler avant vous ! »

Et sans écouter les injures de la jeune fille, elle branche le bungalow nº 8 avec la femme du financier.

Dans le bungalow nº 8, c'est l'homme qui décroche. D'emblée, il reconnaît sa femme.

« Ah ! c'est toi ?

— Comment ça va ? demande la femme inquiète.

— Comme ci, comme ça... je suis en train d'expliquer à Lena que je vais la quitter. »

A Munich, la femme entend que l'homme semble se détourner du téléphone pour par-

ler à quelqu'un dans la pièce. Il demande :
« Qu'est-ce que c'est que ça ?

— Allons ! dit encore l'homme d'une voix précipitée, ne fais pas de bêtise ! »

A Munich, impuissante, crispée sur le téléphone par l'émotion et la peur, la femme entend encore :

« Tu es folle ! »

Puis une énorme détonation, et l'homme murmure :

« C'est malin. »

Puis une seconde détonation. Et une main qui raccroche.

Mais l'homme n'est pas mort et la fille de Lena est toujours en attente sur le standard. Peut-être pourrait-elle empêcher le drame définitif, car malgré une vie délirante Lena s'est toujours souciée de ses enfants. Elle les aime et sa responsabilité devant eux est sans doute la seule chose qui pourrait la retenir.

Malheureusement, à son tour, l'avocat rappelle. Lui aussi se sent inquiet par la tournure prise par sa conversation avec Lena von Munch. Il demande donc à la standardiste :

« Passez-moi le bungalow n° 8, c'est urgent. »

La Polynésienne, alanguie devant son standard, bien loin de partager l'émotion de tous ces gens, n'hésite pas une seconde : avec un malin plaisir, elle passe le bungalow n° 8 et se contente de jeter à la fille de la vedette, d'un ton sarcastique :

« Ne quittez pas. Le bungalow n° 8 parle toujours. »

Dans le bungalow n° 8, c'est cette fois Lena qui décroche.

« Ah ! c'est vous, maître ? Je viens de tirer sur lui.

— Quoi ?

— J'ai un revolver et je viens de tirer deux fois sur lui.

— Il est mort ?

— Non, il est plein de sang, dans le fauteuil.

— Il faut appeler un docteur ! hurle, de Munich, l'avocat, raccrochez et appelez un docteur, ou passez-moi le standard. »

Lena von Munch, qui sans doute ne sait plus très bien ce qu'elle fait, répond : « Oui », raccroche, et ne fait rien.

Au standard, la Polynésienne regarde l'heure : vingt et une heures vingt. Elle bâille et pense : « Et la fille de la vedette, qu'est-ce qu'elle devient ? » Elle saisit son combiné et appuie sur une touche.

« Allô, vous êtes toujours là ? »

Un torrent d'injures lui répond. Sans suite car la Polynésienne observe qu'une communication vient de s'établir à nouveau avec le bungalow n° 8. Mais cette fois sans passer par le standard... C'est donc une communication intérieure.

C'est le bungalow n° 2, celui de la jeune milliardaire américaine, qui appelle le bungalow n° 8.

Comme tout le monde dans l'hôtel, la standardiste est au courant de l'idylle naissante entre le beau financier munichois et la jeune milliardaire américaine, la vedette sera furieuse et cela risque d'être amusant. La Polynésienne, bien que cela soit rigoureusement interdit, se met à l'écoute de la communication. Mais ce qu'elle entend la fait enfin se dresser devant son standard. Complètement réveillée, elle entend l'Américaine hurler et Lena von Munch répondre avec un calme, une froideur qui ne lui sont pas habituelles. La jeune Polynésienne essaie de comprendre.

Elles se disputent l'homme, c'est évident, mais lui, où est-il ? Il lui faut faire un effort pour comprendre, à travers les bribes de la conversation, que le malheureux a reçu deux balles dans le ventre et qu'il est maintenant effondré dans un fauteuil où il perd son sang. Les yeux écarquillés la Polynésienne entend la jeune Américaine s'exclamer :

« J'appelle un docteur et j'arrive !

— Si vous venez, je le tue définitivement.

— Mais vous êtes folle ! J'appelle un docteur !

— Vous n'appellerez personne.

— Pourquoi ? »

La Polynésienne, complètement subjuguée, sans réflexe, écoute de toutes ses oreilles. Sur le standard, une petite lumière reste allumée : la fille de Lena von Munch qui attend toujours.

« Vous n'appellerez personne, reprend Lena, parce que ce sera trop tard. »

De toute façon, elle a perdu son amant. S'il survit, elle imagine la suite : le triomphe de la jeune Américaine et sa déchéance à elle. Alors, la Polynésienne et la jeune Américaine entendent le bruit du combiné que l'on pose sur la table de nuit, un silence et une terrible détonation.

A nouveau, un bruit près du téléphone, qu'une main saisit et la voix basse, comme dans un souffle, de Lena qui murmure avec un calme effrayant et une sorte de triomphe glacé :

« Ce n'est plus la peine d'appeler un docteur. Mais vous pouvez appeler la police. Je viens de le tuer définitivement. »

Lorsque, après avoir appelé la police, la standardiste polynésienne s'aperçoit qu'une petite lumière est toujours allumée sur le standard, oubliant sa rancœur, elle se sent prise d'une subite pitié pour la malheureuse fille de la vedette :

« Vous êtes toujours là ? Je ne sais pas si je dois vous passer le bungalow n° 8. On vient de me faire appeler la police. Votre mère vient de tuer un homme. »

Alors la jeune fille raccroche dans le petit bureau tristounet, en serrant les poings.

Dès le lendemain, le bureau central national d'Interpol, à Wiesbaden en Allemagne fait recueillir le récit des quatre personnes qui, par téléphone depuis Munich, ont suivi mot à mot, et presque pas à pas, le meurtre commis cette nuit-là, à l'autre bout du monde. Un crime passionnel et furieux, là où la plage est tranquille, et où les standardistes dorment du joli sommeil des îles.

LE PREMIER GROS « CLIENT » D'INTERPOL

ALEXANDRE GROMOF, dit « Alex », est un homme trapu, assez fort, et l'on dirait un ours maladroit. Ses cheveux bien fournis sont tout noirs. Ses grands yeux, également noirs, reflètent une âme tiraillée : tantôt mélancolique, tantôt espiègle. En regardant à Interpol la photo de cet Alex, on a du mal à imaginer que cet homme ait eu du succès auprès des femmes. Il est vrai que dans sa jeunesse il devait avoir meilleure mine.

Le type de femme qui l'attire, c'est celui de la blonde potelée très féminine, et par moments maternelle. Elle joue un rôle important dans sa vie.

Né en 1897, il est juif d'origine polonaise, mais sa famille vivait en Ukraine. Ruiné par la Révolution, son père, industriel, s'est retrouvé portier dans sa propre usine.

Voici pour les bases familiales du premier gros client d'Interpol. Son dossier est énorme, il commence un après-midi de septembre 1927, à Amsterdam. Un homme de trente ans entre dans un petit bar fréquenté par des émigrants russes. Il est amoureux de la serveuse, Tania, une très jeune femme de vingt-trois ans, aux cheveux de lin, potelée et tendre.

« Une vodka, monsieur Kremer ? » demande Tania.

Car l'homme vit en effet en Hollande depuis trois mois avec un passeport allemand au nom de Mathias Kremer, de Berlin.

« Et pour moi un baiser », ajoute la serveuse à l'homme qui lui tapote gentiment la main.

Pas de doute, l'homme a le coup de foudre. Il rêve à un bonheur bourgeois aux côtés de Tania.

« Mathias, à quoi penses-tu ? »

Il sait que Tania, qui l'observe, n'attend qu'une chose, qu'il l'épouse et la sorte d'ici. Hélas ! c'est parfaitement impossible.

Après des études brillantes à l'école des Beaux-Arts de Kiev, condamné à mort par les bolcheviks, il a dû fuir par la Turquie et s'installer en Allemagne. Expliquer comment, pour s'en sortir, il entreprit de faire de la fausse monnaie serait une trop longue histoire. Disons simplement que ce déraciné n'a jamais pu retomber sur ses pieds. Aujourd'hui, il renoncerait volontiers. Il ne se fait pas d'illusions : c'est Tania ou la fausse monnaie. Depuis des lustres, il se sent traqué. Dans un an, dans un mois, dans un jour, il sera pris. Mais il ne peut pas abandonner ses complices, cette organisation de déracinés, comme lui, qui dépendent de son extraordinaire talent. Et puis Alex est un joueur. Ce n'est pas seulement pour gagner sa vie qu'il fabrique des faux billets, le malheur est qu'il aime ça.

A Stockholm, le même jour, à la même heure : un guichet de banque. Une dame veut échanger des francs suisses et 50 livres sterling contre des couronnes suédoises. L'employé palpe le billet anglais. Il est parfait, mais quelque chose l'a choqué. Ne serait-il pas un peu mou ? Oui, il est mou, et il est faux. On appelle la police criminelle. La dame est atterrée. Car bien entendu la police garde le billet, et elle a perdu 50 livres.

« Je tiens une pension de famille, dit-elle, et c'est un pensionnaire qui me l'a donné.

— Qui est ce pensionnaire ?

— Oh ! Un homme tout à fait charmant. Il s'appelle Kremer. C'est un Allemand.

— Où est-il ?

— Il est reparti, mais je ne sais pas où. »

Quelques instants plus tard, on fouille la chambre du soi-disant Kremer. Dans la corbeille à papiers, sur les fragments d'un télégramme recomposé, on parvient à lire un mot : Amsterdam. Aussitôt Interpol, à Stockholm, communique la description exacte que la brave femme fait du dénommé Kremer à La Haye.

Et c'est ainsi que le dénommé Kremer devient le premier gros client d'Interpol, dont le secrétariat général est encore à Vienne en Autriche. Le soir du même jour, dans le bar d'Amsterdam, une main s'abat sur l'épaule de Kremer.

« Monsieur Kremer ?
— Oui, qu'est-ce qu'il y a ?
— Police criminelle, suivez-nous ! »

Tania et l'homme se regardent pour la dernière fois : ils ne se reverront plus.

Dans les locaux de la police criminelle, M. Kremer joue les innocents :

« C'est vrai, je ne m'appelle pas Kremer. »

Et d'un air piteux il raconte qu'il a dû fuir la Russie pour sauver sa peau, qu'il s'est procuré un faux passeport et s'appelle en réalité Alexandre Gromof.

« Ce n'est pas pour cela que nous vous interrogeons, mais pour un faux billet de 50 livres sterling que vous avez mis en circulation à Stockholm. »

Alexandre Gromof, dit Alex, a un haut-le-corps.

« De la fausse monnaie ? Incroyable ! J'ai donc été roulé ! En m'enfuyant de Russie, j'ai échangé des objets de famille contre de l'argent. Les gens qui me les ont achetés devaient être des filous. »

Mais le policier allemand qui mène l'enquête

lui non plus n'est pas tombé de la dernière pluie.

« Vous perdez votre temps, mon vieux ! Racontez-moi plutôt comment vous avez fabriqué vos billets.

— Mais je ne les ai pas fabriqués ! »

Pourtant, Alex comprend qu'il faut changer de tactique. Ces gens ne le laisseront pas partir comme ça. Il fera de la prison, et ce qu'il faut c'est y rester le moins longtemps possible, donc avouer. Mais pas toute la vérité. Juste de quoi tranquilliser les policiers.

« C'est bon, dit-il, j'avoue. Je savais que ces billets étaient faux. Mais j'avais peur de vous le dire. Voilà mon histoire. Aux Beaux-Arts de Kiev, j'avais un professeur de dessin et de peinture, lui aussi a dû s'enfuir. Lorsque je l'ai retrouvé à Berlin, il venait d'être arrêté par la police, car il était devenu faux-monnayeur. Sa famille était en mauvaise posture. Chez lui, je suis tombé sur une pile de billets de 50 livres que la police n'avait pas trouvés en perquisitionnant. Avec ces fausses livres, je pensais aider sa famille et m'installer en Italie pour redevenir un honnête homme. C'est pour obtenir un visa pour ce pays que j'ai dû passer par la Hollande et la Suède. Voilà d'où viennent ces billets. »

Le policier le croit. En réalité, Zotof et Alex étaient bel et bien complices, et, s'il charge un peu son maître Zotof, ça n'a aucune importance puisque celui-ci a été arrêté et a fini de purger sa peine. Lui, par contre, dans cette version n'a fait que mettre en circulation un jour de misère, et n'en pouvant plus, quelques faux billets pour sauver la famille de son vieux maître. Sans l'acharnement d'Interpol, Alex sortirait d'ailleurs des bureaux de la police comme il y est entré, mais l'Europe est submergée par les mêmes faux billets. Partout on arrête des gens, surtout des Russes, qui les mettent en circulation. Interpol est convaincu que Alex est leur chef, en raison de son immense talent et de sa grande intelligence. Mais personne ne le dénonce, et Interpol ne peut rien prouver.

A son procès en juillet 1928, le procureur convient que Alex lui fait une excellente impression. Il est probablement plus coupable qu'il ne le prétend. Mais il est vrai aussi qu'il n'est devenu escroc qu'à la suite d'événements politiques. Il est avant tout une victime : un artiste de talent, mais sans travail.

Alex n'est condamné qu'à deux ans et demi de prison et libéré au bout d'un an ; pour un faux-monnayeur, il s'en est vraiment bien tiré.

Au mois de mai 1931, le représentant, à Amsterdam, d'une affaire anglaise fait la connaissance d'un banquier allemand qu'il rencontre souvent dans le même café. Tout à coup, ce dernier lâche le morceau :

« Regardez ce billet de 10 livres, dit-il.

— Qu'y a-t-il d'extraordinaire ? Je ne vois rien.

— C'est un faux billet, imité d'une façon parfaite, avouez-le... » Et en chuchotant : « Je puis en fournir autant qu'on en veut. Ce serait une affaire du tonnerre si on pouvait en mettre une très grande quantité en circulation... D'un seul coup... en les passant à une banque. »

L'autre prend un air complice :

« En effet, dit-il, une affaire du tonnerre, mais diablement dangereuse. Avez-vous une idée sur la façon de procéder ? »

Le banquier allemand pense avoir misé sur la « bonne pouliche », comme on dit dans son pays.

« On pourrait essayer de graisser la patte à un employé de banque...

— Hum !... Oui... C'est une possibilité : il faut que j'y réfléchisse.

— Faites-le et gardez le billet, c'est un acompte.

— O.K... Salut. »

Le représentant de la firme anglaise, quelques instants plus tard, prévient Scotland Yard et le billet tombe entre les mains de l'un des dirigeants de la Banque d'Angleterre. Celui-ci pousse à travers ses dents un sifflement peu britannique :

« C'est un travail extraordinaire, mais je connais. Ce sont les mêmes billets qu'on a découverts à Paris, à Jérusalem, à Rotterdam, à

Rome et à Berlin. Le nombre en circulation devient positivement inquiétant. Heureusement, on reconnaît assez facilement ces billets : ils sont trop mous. Mais si un jour on parvenait à imiter notre papier ! Heureusement, c'est impossible : l'artiste qui fabrique ces billets est génial, mais il ne pourra jamais imiter notre papier... »

Si la livre sterling est à l'époque la monnaie de réserve, comme aujourd'hui le dollar, la bonne tenue du florin hollandais fait d'Amsterdam le grand marché de l'argent. Ce marché a attiré les faux-monnayeurs de toutes espèces, et la police criminelle hollandaise y a ouvert un service spécial en liaison étroite avec toutes les polices affiliées à Interpol.

Quelques jours plus tard, grâce au concours du représentant anglais à Amsterdam, une vaste filature est organisée autour du banquier allemand. Puis une souricière est tendue. Toute une organisation de distribution de faux billets tombe dans le filet ainsi que plusieurs paquets, soigneusement enveloppés et cachetés à la cire, de billets de 50 livres sterling. En tout, 100 000 livres. Et il y en a dix fois autant dans toute l'Europe.

Malheureusement pour Interpol, tous ces gens seront condamnés à la prison sans qu'aucun n'ait révélé la retraite du faux-monnayeur génial. Pourtant, tout le monde devine qu'il s'agit de Alexandre Gromof, dit Alex.

Il faut des mois à Interpol pour remonter

une filière : il s'agit d'une ravissante blonde potelée, âgée de vingt-trois ans, vivant à Berlin, et qui s'appelle Suzanne. Il semble qu'elle ait servi deux ou trois fois de messager entre le fabricant de billets et l'organisation de la distribution.

La jeune femme est suivie jusqu'à son domicile. Là, dans une chambre où il semble vivre en reclus depuis des semaines, un homme est réfugié. Son signalement est communiqué à Interpol. La réponse revient immédiate et triomphante : c'est Alexandre Gromof. Alex s'est donc fait prendre bêtement, à cause de sa passion pour les petites blondes potelées. En effet, il y a quinze jours qu'il se promettait de fuir. Il avait fabriqué un passeport suédois, toutes ses affaires étaient en ordre, tout était prêt.

Malheureusement, dans la petite chambre d'où l'éternel voyageur ne sortait jamais, Alex ne parvenait pas à se séparer de Suzanne dont les ébats amoureux le retenaient jour après jour.

C'est alors que le destin vient imposer à Alex une voie inattendue. Bien sûr, il est jugé et condamné, mais cette condamnation raisonnable va prendre un caractère bien différent, car Alex est juif, et Hitler est au pouvoir. De la prison, il passe donc dans un camp de concentration.

La guerre passe.

Quelques jours après la capitulation des

armées hitlériennes, un agent du contre-espionnage américain en Autriche appelle au téléphone, à Francfort, le major George McNally, spécialiste de la fausse monnaie, pour lui signaler qu'un capitaine de l'armée allemande vient de se constituer prisonnier. Il livre un camion chargé de millions de billets de banque anglais. En outre, une rivière près du lac de Toplitz charrie des quantités de billets que les riverains et les soldats alliés s'emploient à repêcher avec enthousiasme.

Le major se rend sur place. Là, on lui montre le contenu du camion, vingt-trois coffres de la dimension d'un cercueil, remplis de liasses de billets de la Banque d'Angleterre : 21 millions de livres sterling ! Et autant dans la rivière ! Le major est incapable, même avec une forte loupe, de déterminer si ces billets sont vrais ou faux. Il appelle le siège de la Banque d'Angleterre, et bientôt arrive de Londres un émissaire de Sa Majesté, un grand gentleman anguleux et réservé que l'on introduit dans la salle bien gardée où le trésor est entreposé.

Le gentleman passe les coffres en revue, puisant et palpant les billets. Il s'arrête enfin et reste un moment silencieux, les yeux dans le vague. Puis il se met à jurer pendant quelques instants, lentement, méthodiquement, d'une voix distinguée mais non sans véhémence.

« Veuillez m'excuser, dit-il enfin, mais les

gens qui ont fabriqué cette fausse monnaie ont failli ruiner l'Angleterre en pleine guerre.

« Au cours de l'année 1943, explique le représentant de la Banque d'Angleterre, une quantité alarmante de faux billets de banque anglais étaient parvenus à Londres, en provenance des pays neutres. Ils arrivaient par paquets de 100 000 livres sterling. Là-dessus on arrête à Edimbourg un espion allemand, déposé par un hydravion au large de l'Écosse, qui gagnait le rivage dans un canot pneumatique. Sa valise était bourrée de billets : la fausse monnaie la plus parfaite que nous ayons jamais vue. On comprit alors que le faux-monnayeur était le gouvernement allemand lui-même et que le crédit de la Grande-Bretagne risquait fort d'être compromis. Voilà, monsieur le major, la raison de mon émotion. Ces billets sont les mêmes. »

Le major part à la recherche des responsables de cette gigantesque entreprise de faux monnayage. Le capitaine allemand qui a livré les coffres de billets déclare les tenir d'un officier S.S. Ce dernier avait reçu l'ordre de les noyer dans un lac voisin, mais son camion est tombé en panne près d'un village. Le major se rend donc à ce village et découvre un de ces réseaux de galeries souterraines transformées en entrepôts et en ateliers, qui truffent le fameux réduit alpin, et où les Allemands avaient l'intention de livrer leurs derniers combats. Là, partant d'un puits profond creusé au flanc de la montagne dans un long tunnel de 60 mètres, il tombe sur un stock de presses à billets. Mais ni planches, ni papiers, ni archives. Il ne lui reste plus qu'à mettre la main sur les hommes qui travaillaient ici.

Dans le village, il apprend qu'il s'agit de cent quarante malheureux condamnés à mort qui fabriquaient la fausse monnaie dans cette usine souterraine. Quelques jours avant la capitulation allemande, ils ont été conduits dans un camp de concentration à 65 kilomètres de là. Dans ce camp, le commandant avait reçu l'ordre d'envoyer à la chambre à gaz les cent quarante individus en question. Mais, les troupes américaines étant dans les parages, il s'est bien gardé de le faire, et, à la libération du camp, les faux-monnayeurs se sont enfuis chacun de leur côté.

Un par un, pourtant, le major cueille quarante des principaux faux monnayeurs dont il contrôle et coordonne les témoignages. Un moment les S.S. avaient pensé fabriquer des faux billets pour ébranler l'étalon britannique. Mais aussitôt les responsables de la Reich's Bank s'étaient rués chez Hitler pour l'en dissuader. Si le monde découvrait que de la fausse monnaie était fabriquée dans le Reich, qui aurait encore confiance dans le mark ? Mais les S.S. tenaient à leur projet, ils le poursuivirent secrètement. Des milliers d'agents à l'étranger, mercenaires des services d'espionnage, voulaient être payés avec de belles et bonnes devises, pourquoi ne pas les payer avec de la fausse monnaie ?

Les S.S. rassemblèrent dans un camp de concentration de malheureux spécialistes, condamnés à mort, qui pour avoir un sursis se mirent au travail. Hélas ! si l'imitation du dessin et de la gravure fut parfaite, le papier fut trop mou.

Il est impossible de dire le travail fantastique et les moyens inouïs qu'il fallut réunir pour obtenir enfin un papier comparable à celui de la Banque d'Angleterre. Et inutile de dire que l'artisan de cette réussite était Alexandre Gromof. Certes, il était condamné à mort. Certes, les millions et les millions de billets qui sortaient des machines n'étaient pas pour lui. Mais tout de même. Quelle jouissance ! Quelle apothéose ! Mille milliards en fausse monnaie ! De la fausse monnaie en vrais billets ! C'était grandiose pour Alexandre Gromof.

Donc la fausse monnaie britannique commençait à déferler sur le monde, en partie distribuée aux agents allemands (ce fut le cas, par exemple, dans la célèbre affaire Cicéron). Cette fausse monnaie embrouillait les affaires bancaires et industrielles et ruinait le Trésor anglais. Tout ceci étant tenu secret, la stupéfaction fut grande lorsque, devant un Parlement abasourdi, le chancelier de l'Échiquier annonça que la Banque d'Angleterre allait procéder au retrait des billets anglais de toutes valeurs pour les échanger contre des billets de

5 livres, d'un type nouveau ! Il ne donnait aucune autre précision, et la presse anglaise devait renoncer à en savoir plus long.

Restait Gromof. A propos de qui toutes les polices criminelles du monde, en 1946, sont sur les dents. Car le major McNally a découvert que pendant les derniers mois Gromof, à la demande des S.S., avait entrepris de fabriquer de faux dollars. Or, les planches qui devaient servir à fabriquer ces faux dollars ont disparu en même temps que Gromof.

En 1948, des spécialistes américains de la fausse monnaie sont alertés par Interpol. Un vieil émigrant russe, un dénommé Zothof, installé à Waduse au Liechtenstein, fabrique des faux billets de 100 dollars. Une perquisition permet de découvrir les clichés. Zothof finit par avouer que ces clichés sont l'œuvre d'Alexandre Gromof.

En 1948 toujours, une jeune femme est arrêtée à Rome alors qu'elle vendait à un collectionneur un faux billet de 50 livres sterling n'ayant plus cours. La description de la femme fait dresser l'oreille des gens du secrétariat général d'Interpol à Paris : c'est une ravissante blonde et potelée.

La police criminelle ne la lâche plus d'une semelle et finit par mettre la main sur Gromof.

« Vous avez mis en circulation des faux billets de 50 livres ?

— Oui, mais des copies de billets n'ayant

plus cours et vendus à des collectionneurs, je ne vois pas quelle infraction j'ai commise ?

— Vous avez aussi fabriqué des faux dollars ?

— Oui, mais contraint et forcé par les S.S., et condamné à mort.

— Vous avez cédé vos planches au professeur Zothof ?

— Oui, mais ces planches ne sont qu'une curiosité. Je n'ai jamais personnellement, et depuis ma libération, fabriqué de faux billets grâce à elles. »

En effet l'enquête ne parvient pas à relever une infraction sérieuse, et Alex est très vite libéré. Une fois de plus, il s'en tire bien.

En 1955, Alexandre Gromof, marié et âgé d'une soixantaine d'années, s'établit au Brésil, à Porto Alegre, où il installe une petite usine de jouets mécaniques. Ses nouveaux concitoyens le considèrent comme un voisin agréable, un homme « à l'aise », et personne ne se doute de son passé aventureux. Lorsque Interpol, qui le tient toujours dans son collimateur, l'interroge : « D'où tenez-vous l'argent qui vous a permis d'installer cette usine ? », il répond : « J'économise depuis dix ans. Notamment les indemnités qui m'ont été versées pour mon séjour dans les camps de concentration. »

Il est un fait que Alex a touché à ce titre une somme rondelette. Sa réponse est donc plausible.

Néanmoins, chaque fois que dans l'un ou

l'autre coin du monde apparaissent de faux billets de banque de grande qualité, le secrétariat général d'Interpol, à Saint-Cloud, câble au bureau d'Interpol, au Brésil, pour demander que l'on contrôle discrètement les activités d'Alex Gromof. Jusqu'à présent, rien n'a pu lui être reproché. Peut-être Alex s'est-il enfin assagi ? D'ailleurs, sa nouvelle femme n'est pas une jolie blonde potelée, mais une belle brune italienne aux yeux noirs étincelants. Et il doit avoir dans les quatre-vingt-deux ans...

SOPHIE, RASPOUTINE GRECQUE

Les cigales et le bruit de la mer battent mollement le rivage de sable et de rochers rouges. Il traîne ici une odeur de thym, de menthe et de lavande. C'est celle d'une île de la Méditerranée, une île grecque de la mer Égée.

L'homme est grand, brun, ses yeux noirs brillants, ses joues sont creuses et barbues, il a un grand front tourmenté. Son corps sec, nourri de fromage de bique et d'olives noires, est recouvert d'un lourd vêtement de bure et ses pieds bronzés de sandales de cuir. C'est un moine d'environ trente-cinq ans.

Il est dans sa cellule blanche, et si petite que l'on y sent la chaleur du corps humain. Et aussi l'odeur de son chien, un chien-loup, son seul compagnon. Une étroite fenêtre à barreaux donne sur une végétation sauvage de garrigue.

Le moine, suivi de son chien, sort du petit monastère blotti dans une sorte de crique et monte sur la colline. Là, comme chaque jour à la même heure, il s'assoit sur une pierre.

Un léger craquement, un grognement du chien lui font tourner la tête, et c'est alors qu'a lieu l'événement. Là, entre deux rochers, il voit le monde, la vie, son destin, la splendeur, la simplicité, le désir, la confiance et l'angoisse, tout, c'est-à-dire l'amour. L'éblouissant regard d'une femme dont la beauté est hors du commun. En une seconde, le moine découvre sa raison d'être, de vivre et de mourir.

Cette femme si belle est une nonne d'environ vingt-six ans. Sous le regard brûlant du moine, elle fait ce que doit faire toute nonne en de telles circonstances, détourner pudiquement son regard et s'enfuir, légère et effarouchée.

Mais elle est là le lendemain, et ils se parlent. Elle a pour lui cette voix douce et grave qu'on ne prête qu'aux anges, mais le diable n'est pas loin. Quelques jours plus tard, la jeune nonne, prise dans les ronces, retire sa coiffe et secoue devant le moine une magnifique chevelure brune. Derniers rayons d'une féminité que les vœux supprimeront bientôt.

Quelques jours encore, et l'implacable bandeau de tissu blanc qui écrase sa poitrine vole dans les buissons. C'est un spectacle redoutablement beau, pour un moine solitaire, que cette resplendissante poitrine de femme. Et il ne peut plus se convaincre qu'une œuvre de la nature si généreuse puisse être un objet de péché.

Alors le diable compte sur ses doigts les jours qui s'écoulent. Oppressants, haletants, avant que la nonne aux yeux bleus et aux cheveux noirs ne s'abatte sur la rude couche de la cellule fermée à double tour.

Les amours de la nonne et du moine sont d'abord un secret. Si on les rencontre côte à côte, c'est qu'ils viennent, par hasard, de se croiser. S'ils se parlent, c'est sans doute pour prier ensemble. Mais ils prient et se croisent souvent.

Puis quelques mauvaises langues de l'île racontent avoir vu, au petit matin, la silhouette furtive d'une nonne aux environs du monastère. Alors un moine, par ailleurs laid et contrefait, rampe par les sentiers comme une affreuse limace pour surprendre la nonne se glissant par l'étroite fenêtre de la cellule de son amant, dont les barreaux ont été sciés.

Il n'y a point d'éclat. Simplement, des murmures et surtout des regards. Le plus foudroyant de ces regards est celui d'un homme impressionnant, le directeur du monastère. Son visage en lame de couteau, son crâne chauve, sa voix gutturale vibrent de réprobation lorsqu'il rencontre la nonne. Et son visage devient si sévère que d'abord elle a peur. Mais, dans les bras de son moine amoureux, la nonne a compris qu'elle était avant tout une femme, et elle dispose, pour faire front à ces hommes frustrés, d'une arme absolue : son étonnante beauté.

Est-ce par coquetterie ou pour calmer leur courroux, elle en use. Mais elle n'en abuse point, car il est des armes trop puissantes pour que l'on puisse en doser les effets sans expérience. Cependant le résultat est là ; au bout de quelques mois, les douze moines du monastère sont amoureux d'elle. A commencer par le directeur. Aucun d'eux ne l'avoue, et l'on peut entendre dans les couloirs des conversations de ce genre:

« Mon frère, si Dieu nous envoie cette beauté, c'est pour nous éprouver, sans doute.

— Mon frère, supportons sa présence et prions. »

Et les moines supportent. Mais s'ils acceptent que les voies de Dieu soient impénétrables, ils trouvent le supplice un peu dur. Car il y a dans l'île quelques nonnettes sans grand charme dont la présence eût été plus supportable que cette splendeur. Les dialogues dans les couloirs deviennent plus nerveux :

« Mon frère, supporter cette enfant est déjà terrible, mais la savoir si près dans la cellule de frère Georges est une tentation quotidienne au péché de pensée.

— Mon frère, il me semble que vous perdez l'appétit, le péché vous ronge.

— Mon frère, vous semblez avoir la fièvre. »

Personne ne fait cependant remarquer à personne que tout le monde rôde autour de la porte du frère Georges. Mais les conversations deviennent plus précises :

« Je trouve par trop injuste, mon frère, qu'elle ait choisi frère Georges.

— Mon frère, qu'est-ce que frère Georges a de plus que nous ?

— Rien, mon frère. Il a cédé, c'est tout. »

D'ailleurs, on ne salue plus le frère Georges, car c'est un être hypocrite et immonde qui a introduit le péché dans la maison de Dieu. On va même jusqu'à détester le frère Georges, jusqu'à le haïr.

Par contre, on admet la présence de la nonne, une présence de moins en moins dissimulée, et l'on se presse autour d'elle, et l'on est prévenant, et l'on se lave, on se rase, on se fait chatoyant pour elle. Le plus empressé est le directeur du monastère. Le soir, lorsque l'air embaume, lorsqu'on se repose des travaux de la journée, on voit bien que frère Georges s'impatiente si la nonne tarde à venir... Elle se lasse de son amant, c'est évident.

Et une nuit, le drame éclate.

Toute la soirée, frère Georges a cherché son chien dans l'île. Il est revenu très tard en pleurant, portant son cadavre sur l'épaule.

Au milieu de la nuit, sur le carrelage usé du monastère, voici les pieds nus de deux moines qui avancent sans bruit. L'un porte une hache. Ils s'arrêtent devant la porte de frère Georges, écoutent... Aucun bruit ne les arrête. Un des moines tourne doucement la poignée de la porte et pousse plus doucement encore... Elle s'ouvre et ne grince pas.

Les deux moines écarquillent les yeux pour distinguer dans la lueur lunaire qui pénètre par la fenêtre les corps nus de la nonne et de son amant.

L'un des moines saisit la femme par les épaules pour l'arracher à l'étreinte de l'homme. Tous deux, réveillés en sursaut, se redressent.

« Écarte-toi », crie l'un des moines à la nonne.

Celle-ci, voyant se lever la lourde hache, bondit de la couche, et l'arme s'abat pour fendre le crâne de frère Georges, qui meurt dans les hurlements de sa maîtresse échevelée.

Le directeur du monastère s'en va alors déclarer à la police que frère Georges a été assassiné à coups de hache la nuit même par un rôdeur. Et le monastère s'abîme en prières hypocrites.

Mais la police, après une petite heure d'enquête, ne se satisfait point de cette déclaration simpliste. Elle découvre que le chien de frère Georges a été empoisonné la veille. Que les moines et leur directeur avaient depuis quelque temps un comportement bizarre et des conciliabules secrets. Enfin les moines, qui sont si pauvres que le moindre outil a sa valeur, n'ont pas osé jeter la hache. Ou n'ont pas eu le temps de la cacher, car elle est retrouvée immédiatement. Bien qu'elle ait été essuyée, on y décèle encore quelques traces de sang.

Le lendemain, la nonne est abordée dans la rue du village par deux inconnus venus on ne sait d'où, avec le bateau du matin.

« Ma fille, vous avez commis un grand péché. S'il est connu, la honte rejaillira sur vous, et votre famille vous maudira. Vous n'aurez plus la paix, votre vie sera brisée. Il faut vous taire.

— C'est-à-dire ?

— Déclarer que vous avez vu les meurtriers, c'est avouer que vous étiez de nuit dans la chambre de frère Georges. »

Comme la nonne regarde les inconnus de ses immenses yeux bleus candides, étonnés, l'un d'eux se croit obligé d'insister :

« Il faut dire que vous ne connaissiez pas frère Georges. Et que, bien entendu, vous n'avez jamais été dans sa cellule. Vous avez fait assez de mal. De cette façon, la police ne trouvera, dans le monastère, aucun mobile à ce crime et devra laisser les moines en paix. Après ce que vous avez fait, vous leur devez bien ça.

— Et si je parle ?

— Vous avez commis un péché si grand, ma fille, qu'il n'est point de châtiment qui le surpasse. Si vous parlez, vous mourrez. »

C'est une menace réelle, mais contre toute attente la nonne va trouver la police. Car, bien que nonne, elle estime qu'être la maîtresse d'un moine est un péché moins grand que de le tuer.

Elle parle, et son aveu bouleverse des millions de familles grecques orthodoxes. Elle parle, et sa famille la renie publiquement. Elle parle, et la police met en prison les moines et leur directeur... mais elle aussi, car la police trouve bizarre que la porte de la cellule de frère Georges, toujours fermée la nuit au verrou, ait été comme par hasard ouverte ce soir-là.

Un premier procès a lieu, qui réunit dans le box tous les moines entourant leur directeur que la justice accuse d'être l'auteur moral du crime. Il est toujours aussi sévère, aussi maigre et imposant.

Lorsque apparaît la nonne, un murmure de respect parcourt la salle. Elle porte toujours l'habit de nonne, et, malgré les huit mois qu'elle vient de vivre en prison, elle est toujours d'une beauté surprenante. D'une beauté si rare que les photographies prises aux audiences seront reproduites dans la presse du monde entier.

Sophie est son nom. Mais on l'appelle déjà la « Raspoutine grecque ». Elle n'a cependant aucune peine, par sa douceur faite de calme et de tendresse, à convaincre le jury qu'elle est innocente.

Pourtant, la police l'accusait au départ d'être la complice des criminels. Lasse de frère Georges et prête à se donner à l'un ou l'autre moine, elle aurait volontairement laissé la porte de la cellule ouverte.

« Oui, c'est vrai, dit-elle en baissant les yeux, j'ai laissé la porte ouverte cette nuit-là, à la demande du directeur. Mais je croyais qu'il voulait prendre frère Georges en flagrant délit et le sermonner. »

Sophie est acquittée sur cette déclaration, mais le directeur du monastère est condamné à quinze ans de prison, et les autres moines, qui se rejettent mutuellement la responsabilité du geste définitif, sont condamnés à treize ans.

Mais ce n'est pas fini, car les accusés font appel, et Sophie reste provisoirement en prison, où elle reçoit un courrier énorme et la visite des journalistes qui la bousculent de questions :

« J'hésite, leur déclare-t-elle avec une moue charmante. Trois propositions m'intéressent : celle d'une maison de couture d'Athènes qui me propose de devenir mannequin et deux demandes en mariage qui me viennent de deux jeunes et riches Anglais. Mais les photos qu'ils m'envoient ne sont pas assez précises. Je suis encore jeune, je n'exclus pas la possibilité de me marier pour refaire ma vie, mais je voudrais bien choisir. »

Personne ne s'attendait à cette réaction plus

féminine que religieuse, et Sophie, la « Raspoutine grecque », fait le bonheur des journaux à scandale.

Le deuxième procès se déroule exactement comme le premier, et les mines austères du directeur du monastère n'influencent pas le jury qui confirme les peines. De même, subjugué comme la première fois par la belle Sophie, il confirme aussi son innocence.

La vendetta, en Grèce, dans les années 50, ne pardonne pas. Sophie est devenue une personnalité terriblement encombrante, et les autorités grecques la supplient de partir à l'étranger, car sa sécurité pose un problème insoluble.

« Voyons, nous avons reçu de nouvelles photos de ces deux richissimes Anglais... remarque le ministre de l'Intérieur. Ils ne sont pas si mal, l'un des deux, notamment, photographié sur son cheval de polo, n'a-t-il pas fière allure ?... »

Le ton du ministre se fait impératif :

« Insistez auprès d'elle. Mariez-la, et qu'elle s'en aille le plus loin possible. »

Le 7 décembre, alors que Sophie embarque sur le bateau à destination de Londres, un homme est arrêté à bord, il logeait comme par hasard dans la cabine voisine et était armé de deux pistolets.

Le signalement de Sophie est diffusé partout, et Interpol n'a pas chômé. A chaque escale du navire, il faut la protéger ; pour chaque police locale, c'est le branle-bas de combat, et, partout où elle passe, les journalistes se bousculent.

A Londres, Scotland Yard charge le surintendant Simson de sa surveillance. Le surintendant est un bel homme de quarante ans, marié et père de trois enfants, d'un sérieux à toute épreuve, mais, lorsqu'il vient prendre livraison de son encombrant colis à la passerelle du bateau, c'est le coup de foudre... Tout son sérieux, sa vie, sa femme s'écroulent devant cette statue de la beauté grecque.

Désormais, il ne quitte plus Sophie d'une semelle. Elle a obtenu l'autorisation de changer de nom et traîne derrière elle son garde du corps anglais, d'abord dans la somptueuse propriété du Sussex où l'attendait le joueur de polo, puis à Piccadilly où demeure l'autre prétendant. Elle hésite entre les deux.

Elle hésiterait peut-être longtemps encore si, le 12 janvier, le surintendant Simson n'abattait d'un coup de revolver, singulièrement précis, un jeune Grec qui voulait à tout prix monter dans la voiture de Sophie en brandissant un couteau long comme le bras.

Ce n'est pas l'épisode ultime. Mais Sophie, reconnaissante, cède aux avances du surintendant. Mais il doit divorcer pour l'épouser, et c'est un peu long pour Sophie qui, devenue mannequin, découvre qu'elle peut très bien vivre en n'épousant personne. Ce n'est que deux années plus tard qu'elle quitte Londres pour New York, où elle finira par diriger une agence de mannequins. Et Interpol pourra refermer son dossier, rassuré sur sa sécurité autant que sur l'odeur de crime qui tournait autour d'elle.

Il y a de cela presque trente ans, Sophie doit avoir à présent cinquante-sept ans, et il serait étonnant qu'il ne lui soit pas arrivé, entre-temps, d'autres aventures. Dont le caractère strictement privé ne regarde cependant ni Interpol ni le lecteur.

UNE BAVURE

LE long de la frontière germano-belge, en 1927, un souffle rauque traverse la nuit, et des pas lourds, précipités, font craquer la neige. Une voix résonne au loin, dans le silence :
« Halte-là ! Halte-là ! »
Le contrebandier, qui fuyait, fait encore quelques pas, le temps de comprendre qu'il s'agit d'une sommation, que l'homme qui vient de crier est probablement un douanier et qu'il est armé. Peut-être même le tient-il en joue. Mais il est trop tard. Juste devant lui un éclair, et un coup de feu résonne, suivi d'un bruit mat. L'homme laisse tomber les énormes sacs qu'il portait et regarde avec étonnement sa poitrine où une tache rouge s'élargit. Lorsque son front touche le sol, il est déjà mort.

A l'aube, dans une maison du village, une femme enceinte hurle en voyant le cadavre de son mari que l'on ramène sur une civière. Derrière elle, leur fils de trois ans regarde son père avec des yeux ronds de curiosité. La mère fait quelques pas en titubant derrière la civière, puis s'effondre, évanouie, devant l'enfant qui regarde toujours avec étonnement.

Dans la salle à manger, la mère reprend conscience et se tord de douleur sur le sol. Elle avorte, devant le petit garçon dont les yeux cette fois sont agrandis par la peur.

Dehors, les gens se bousculent pour laisser passer le docteur et l'officier des douanes. Tout le monde connaissait bien le contrebandier. Un contrebandier de la troisième génération, et au demeurant un brave homme : contrebandier comme on est pêcheur ou chasseur. Comme on est alpiniste parce qu'il y a une montagne, on est contrebandier parce qu'il y a une frontière.

« C'est une folie ! dit le docteur. Pourquoi vos hommes ont-ils tiré ?

— C'est un accident, répond l'officier des Douanes. Ils avaient avec eux un garçon trop jeune, trop nerveux. C'est une "bavure". »

Le petit garçon entend sans bien comprendre : c'est une « bavure ». Mais il lui reste toute la vie pour le comprendre, et déjà il hait ces gens en uniforme dont il sent qu'ils sont responsables de cette « bavure ».

1969, quarante-deux années plus tard, au mois d'août. L'homme qui parle est le brigadier de gendarmerie de Lammersweiler, et il a un pli soucieux sur sa bonne grosse tête de gendarme :

« C'est vrai. Vous avez le droit pour vous. Mais je ne suis pas sûr que vous ayez raison de le faire valoir aujourd'hui. »

Devant lui se tient le créancier. Il a une tête de méchant créancier : l'air buté, les yeux brillants, la voix sifflante, il trépigne :

« Je veux mon argent ! C'est une question de principe !

— Tout de même ! 1 000 francs, vous n'attendez pas après ça ?

— Je veux mon argent !

— Vous savez bien qu'il vous paiera. Il a toujours payé rubis sur l'ongle.

— Je veux mon argent !

— Tout le monde a accepté de lui faire crédit. Pourtant, les gens ne l'aiment pas tellement. Mais ils savent que c'est un honnête homme. »

Avant que le créancier ait répété une fois de plus : « Je veux mon argent ! », le brigadier — qui sent la colère l'envahir — se lève d'un bond :

« C'est bon. Puisque vous l'exigez, j'y vais. Mais, vous savez, ce n'est pas bien ce que vous faites. Pas bien du tout. »

Le brigadier prend sa casquette pour aller prévenir Lucien Corbier, dans sa ferme, qu'il va devoir payer sa dette. Il monte dans sa voiture en maugréant, tourne la clef de contact et démarre.

La ferme Corbier n'est pas loin, mais il a tout de même le temps de réfléchir. Et plus il réfléchit, plus cette démarche lui paraît absurde et odieuse. Tout le monde sait, ici, que Lucien Corbier — depuis que les gabelous ont tué son père — déteste la police. Tout le monde sait qu'il a été élevé dans la haine féroce de tout ce qui porte un uniforme. Bien qu'à demi allemand, Lucien Corbier a toujours été antinazi, à tel point qu'il a refusé de servir dans la Wehrmacht pour se lancer dans la résistance belge où il s'est distingué par son courage. Si bien que sa tête a été mise à prix durant toute la guerre.

Cela fait, il est retourné à son métier de contrebandier. La quatrième génération chez les Corbier. Il a eu des démêlés avec Interpol en Hollande, en Belgique, en Allemagne. Mais jamais au point d'aller en prison. Il a un caractère impossible et fait peur à tout le monde, y compris à sa femme et à ses gosses. Mais c'est un homme droit. Lui envoyer les gendarmes pour 1 000 francs, c'est mesquin. Même les autorités judiciaires ont insisté pour qu'on lui propose un délai.

La ferme Corbier est une ancestrale bâtisse d'un étage, construite dans la pierre dure du pays, avec un immense toit d'ardoise et deux cheminées plantées bien droit sur l'arête. Le tout au milieu d'un terrain entouré d'une simple clôture de fil de fer, dont le portail est grand ouvert.

Au moment même où le brigadier, quelque peu gêné, sort de voiture, Corbier sort de la ferme : visage rond avec deux plis amers de chaque côté de la bouche, des cheveux bruns bien coiffés, la raie sur le côté, en costume de ville, pas du tout l'allure d'un fermier : plutôt celle d'un représentant de commerce un peu dur en affaires. En fait, jusqu'à l'année dernière, la contrebande du beurre et de la viande, qui se faisait par camions entiers entre la Belgique, la Hollande et l'Allemagne, était un trafic fructueux. Jusqu'à ce qu'Interpol s'en mêle et, pour un temps, ruine la contrebande.

Le brigadier, qui s'avançait vers la ferme, s'arrête stupéfait : Corbier a un fusil à la main, et ils sont à trente mètres l'un de l'autre.

« Vous venez chercher de l'argent ? demande Corbier.

— Non. Pas encore. Je viens vous signifier qu'il va falloir payer.

— Foutez-moi le camp !

— Soyez raisonnable, je suis...

— Un flic ! » hurle Corbier qui, subitement envahi par une rage folle, épaule et tire...

Le brigadier bat en retraite jusqu'à sa voiture, dont il voit la tôle éclater sous l'impact des balles. Lorsqu'il met le contact et relâche l'embrayage, il sent du sang couler le long de sa jambe.

Quelques instants plus tard, le brigadier, de retour à la gendarmerie, ne pouvant plus plier le genou, c'est le gendarme Robert Thomé qui prend l'affaire en main. Robert Thomé fait penser à un chef de rayon des grands magasins : l'air digne, les pieds plats, la chevelure argentée.

Il monte sur sa moto et coiffe sa casquette. Le casque ne faisant pas encore partie de sa panoplie. Mais le tambour arabe a fonctionné, et une voix s'élève parmi les curieux rassemblés pour observer son départ :

« Où vas-tu Robert ?

— Je vais arrêter Lucien Corbier pour tentative d'assassinat.

— Fais pas le mariole, Robert ! Tu as trois gosses. »

Il sait ce qu'il risque, ce gendarme, et il marque une seconde de pause. Mais il doit penser qu'il connaît mieux Lucien Corbier que le brigadier, et qu'il saura parlementer pour le ramener à la raison.

« Qu'est-ce que tu veux faire d'autre ? » dit-il en mettant sa moto en route.

Dans la chaleur de cette fin de matinée du mois d'août, le gendarme arrête maintenant sa moto devant la ferme, en descend calmement, prend son temps pour rabattre la béquille et jette un coup d'œil à la dérobée sur le bâtiment : tout paraît calme. Pourtant, il aperçoit Mme Corbier à l'une des fenêtres du premier étage, avec deux de ses enfants : les deux filles, celle qui a huit ans et l'autre dix ans. Elle les tient devant elle.

Brusquement, le gendarme comprend qu'elle est affolée. Elle lui fait des signes, en se retournant fréquemment pour regarder derrière elle. Elle secoue la tête comme si elle voulait dire : « Non... Non... » et de la main lui fait signe de s'en aller. Le gendarme n'ose pas la regarder, ne voulant pas la trahir si Lucien Corbier l'observe, et il l'observe sûrement. Alors, il doit avoir l'air encore plus calme, et sûr de lui. Le gendarme s'avance donc d'un pas apparemment tranquille vers le portail. Il entend des vélos qui freinent quelque part sur la route. Des voyous, sans doute, qui l'ont suivi pour voir ce qui va se passer.

C'est alors que s'ouvre la porte de la ferme, et Corbier apparaît. Il porte un fusil à répétition à la saignée du bras, il est penché en avant comme s'il allait bondir sur on ne sait quel ennemi. De son visage, on ne voit que les yeux qui épient et deux plis amers de chaque côté de la bouche, soulevés par un rictus.

« Fous le camp ! » crie Corbier, comme s'il crachait.

Quand un homme a été gendarme pendant quinze ans, quand il a imaginé mille fois qu'un jour peut-être il se trouverait dans cette situation, le moment venu, il ne peut se dérober. Et le gendarme Thomé commence d'avancer.

« Fous le camp ! » crie Corbier qui, cette fois, le met en joue.

C'est tout juste si le gendarme marque un temps d'arrêt pour lui dire d'une voix forte :

« Lucien Corbier, je suis obligé de vous arrêter. »

A peine a-t-il parlé que Corbier appuie sur la gâchette. Percutée au milieu du front, la tête du pauvre gendarme éclate. Ils n'étaient pas loin l'un de l'autre, et le coup a été tiré avec une rapidité et une précision effarantes.

Sur la route, deux vélos sont relevés de l'herbe où ils étaient couchés. On entend un bruit de ferraille, les deux voyous vont porter la nouvelle au village.

Midi. Le soleil est au zénith. Pas une ombre sur la route. Quelques voitures et quelques camions sont passés sans que personne, bien sûr, ne jette un regard sur cette ferme banale et ne prête attention à la tache bleue allongée devant la porte : le cadavre d'un gendarme...

Cette fois, c'est un car de police qui paraît. Il s'arrête à distance respectable. Six gendarmes et un officier en descendent, se concertent. Après quoi l'un des gendarmes, un colosse, le revolver à la main, s'avance avec précaution.

Il fait quelques pas, observe la femme, fait quelques pas encore et se dirige vers le portail, parallèlement à la clôture en fil de fer, en se gardant bien de s'éloigner du fossé, prêt à s'y jeter à la première alerte. Mais, lorsqu'il arrive au portail, le fossé disparaît... Heureusement, le poteau de bois du portail peut lui servir d'abri. Avant qu'il ait eu le temps de se mettre en sûreté, un coup de feu résonne, comme s'il était tiré de l'intérieur de la bâtisse. Une balle ricoche à ses pieds, et il ne voit pas Corbier mais il l'entend crier :

« Un pas de plus et je vous descends ! »

Le gendarme reste alors droit comme un piquet, son revolver toujours pendant, se gardant bien de faire un geste. Corbier et lui ne se sont jamais vus.

« Vous n'êtes pas d'ici, dit Corbier.
— Non.
— Alors, ça y est. Je vais voir tous les flics de Belgique ! Le ban et l'arrière-ban...
— C'est probable, dit le gendarme. Mais, moi, je viens seulement chercher le collègue que vous avez blessé. Laissez-moi au moins l'emmener à l'hôpital...
— D'accord, répond Corbier. Mais, jetez votre revolver ! »

Le revolver, en tombant sur le gravier, fait un petit nuage de poussière. Le gendarme s'approche alors de son collègue, allongé sur le dos dans une flaque de sang. Il aperçoit, dans un amas de chair, d'os brisés et de sang, deux yeux ouverts et fixes. Il est mort, c'est certain. Mais il est inutile que Corbier le sache. Il penserait qu'il n'a plus rien à perdre, et cela ne pourrait que le rendre plus dangereux encore. Alors, le gendarme très costaud prend l'homme à bras-le-corps, se retourne et l'emmène, debout devant lui.

Il y a maintenant deux cents casques verdâtres, groupés par petits paquets autour de la ferme comme deux cents champignons. Sur la route, un convoi de camions immobiles d'où s'élève, dans des crachotements, la voix nasillarde des hommes qui correspondent par radio. C'est, ainsi que le disait Corbier, « le ban et l'arrière-ban » de la gendarmerie belge.

Le half-track, où se tient l'état-major, s'est glissé sous un bouquet de peupliers pour échapper à la canicule, mais à distance respectable.

« Combien d'enfants ? demande l'officier en clignant des yeux pour observer, au loin, la façade de la ferme sur laquelle le soleil s'écrase et vibre de clarté.

— Cinq. Deux filles et trois garçons.

— Combien y en a-t-il dans la ferme ? »

On appelle par radio la gendarmerie de Lammersweiler : deux garçons sont restés au village, interceptés à leur sortie de l'école.

« Lesquels ?

— Jean-Paul et Michel. Ce sont les deux plus jeunes.

— Donc, dans la ferme, il reste les deux filles et l'aîné. Quelle est leur attitude devant leur père ? demande l'officier.

— J'ai l'impression qu'ils ont peur, dit un gendarme. Parce que, par moments, on aperçoit sa femme. Elle ne quitte pas les gamines, comme si elle voulait les protéger de son mari...

— Et le fils aîné ?

— On ne le voit pas. »

L'état-major est bientôt rejoint par un docteur. Puis par le psychiatre et le représentant du ministère de l'Intérieur : hâtivement, on leur raconte l'histoire qui s'est passée ici il y a quarante-deux ans, la fameuse « bavure ».

« Envoyez une patrouille, a dit l'officier. Il faut savoir s'il tire toujours... »

Quelques hommes casqués, se protégeant par des boucliers, la poitrine épaissie par des gilets pare-balles, quittent l'abri des camions.

A une fenêtre du premier étage apparaît soudain Fernand, le fils aîné. L'officier qui l'observe à la jumelle le voit rester immobile, le visage pâle... De temps en temps, il se retourne et semble échanger quelques mots avec son père.

Au même moment, du half-track s'élève une voix nasillarde dans le crachotement de la radio. Ce sont les hommes postés en observation derrière la ferme.

« La porte de derrière vient de s'ouvrir, dit la voix d'un policier. C'est la femme. Elle tient ses deux filles par la main. Elle leur parle. Elle veut peut-être tenter une sortie. Je ne sais pas si c'est de nous qu'elle a peur ou de son mari. »

Devant la ferme, le petit groupe de policiers casqués progresse maintenant le long du fossé. Ils sont courbés en avant, presque à genoux, et l'on n'aperçoit d'eux que leurs casques et leurs boucliers.

Alors, une grêle de balles se fiche dans le remblai du fossé et ricoche sur les casques. Et il n'est pas question de riposter, car les coups sont tirés depuis la fenêtre où se tient toujours Fernand figé par la terreur.

De nouveau, dans le half-track, la voix nasillarde, au milieu des crachotements :

« La femme est sortie ! dit la voix sèche du policier. Elle court avec ses deux filles à la main. Elle attendait d'être sûre que son mari soit resté au premier étage. Elle est à l'abri, à présent. »

Quelques minutes encore, et l'officier interroge Mme Corbier, une petite femme blonde, qui fut sans doute jolie avant d'être desséchée par une vie sans joie.

« De qui aviez-vous peur ? De lui ?

— Non. Il est comme fou, mais je ne pense pas qu'il nous aurait fait du mal.

— Alors, de nous ?

— On ne sait jamais. Un accident. »

Les hommes se regardent. Une « bavure » est toujours possible, ils s'en souviennent ici.

« Votre fils est-il consentant ? demande l'officier à Mme Corbier.

— Non. Il a même essayé de raisonner son père. »

Mais tout se passe comme si Lucien Corbier gardait son fils en otage. Dans ces conditions, il n'y a d'autre solution que d'attendre la nuit et la fatigue.

Les heures de l'après-midi passent lentement, ponctuées par les appels à la raison lancés par les haut-parleurs, auxquels Lucien Corbier ne répond même pas.

A vingt et une heures, enfin, les policiers tentent de s'approcher à la faveur de l'obscurité. Ils sont vite stoppés par une nouvelle grêle de balles. Corbier a des yeux de chat.

Vers vingt-deux heures, nouvelle tentative. Mais, cette fois, devant et derrière la maison en même temps. Mais Corbier est descendu au rez-de-chaussée, dans la cuisine qui possède deux fenêtres, et d'où il peut surveiller à la fois les deux façades. Comprenant qu'ils ne bénéficient pas de l'effet de surprise, et craignant que, dans son désespoir, Corbier ne se retourne contre son fils, les policiers préfèrent renoncer.

De temps en temps, l'officier qui dirige les opérations brandit son porte-voix et parle à Corbier. Il lui dit n'importe quoi, pour l'empêcher de s'endormir. Plus longtemps il restera éveillé, plus il sera fatigué et vulnérable. Et il se demande chez qui le sommeil sera le plus irrésistible : chez le père ou chez le fils ?

A l'intérieur de la ferme, c'est le pied de guerre. Au milieu de la cuisine, Corbier, le col de la chemise grand ouvert, les manches retroussées, s'appuie des coudes sur la grande table. Il est assis à l'extrémité d'un banc, prêt à bondir d'une fenêtre à l'autre. Son fils, qui lui fait face, l'observe. Ce qu'ils pensent l'un de l'autre les regarde et ne sera jamais consigné dans les procès-verbaux.

Chez le fils, dix-sept ans, l'instinct de conservation doit être entier. Le père, lui, sait, quoi qu'il arrive désormais, que sa vie va s'arrêter là. Peut-être cela crée-t-il en lui un état de moindre résistance, car fréquemment ses yeux se ferment, et il a besoin de secouer la tête pour relever les paupières. Au moment où il se penche en avant jusqu'à toucher la table, son fils se glisse sans bruit du banc et se jette sur la porte de derrière.

Soixante hommes se ruent alors vers la ferme et jettent leurs grenades par les fenêtres. Aucun coup de feu ne leur répond. Il est vrai que dans ce vacarme ils n'entendraient rien.

Dans la cuisine, Corbier n'a pas bougé de la table sur laquelle il s'est écroulé, après s'être tiré une balle dans la tête. Lorsqu'on sort son cadavre par la fenêtre, la ferme n'est plus qu'un immense brasier.

C'était l'histoire d'une bavure qui a fait long feu.

LE CHAT DE LA VOISINE

La locataire du troisième sonne à la porte de tous les appartements :

« Vous n'avez pas vu mon chat ? Vous n'avez pas vu mon chat ? Personne n'a vu mon chat ?

— Il est comment, ce chat ?

— Tout petit, tout noir avec une tache blanche. Il a filé par là, j'en suis sûre... »

Bref, c'est la locataire du troisième qui a perdu son chat et crie dans l'escalier à qui le lui rendra.

Le beau jeune homme du dernier étage ne le lui rendra pas. Il a ouvert sa porte à la locataire éplorée, il a pris l'air le plus désolé qu'il soit pour dire :

« Votre chat... Perdu... Comme c'est dommage... Je ne l'ai pas vu. »

Et, ce disant, le beau jeune homme serrait

encore derrière son dos ses longs doigts maigres.

Des doigts d'artiste, des doigts capables de courir sur un violon avec talent. Et capables d'étrangler un petit chat en deux temps et trois mouvements. Le lendemain de la disparition de son chat, Mme Syvon, la locataire du troisième, marmonnait en rentrant sa poubelle, mais elle poussa soudain un hurlement si violent que tout l'immeuble sortit pour en connaître la raison. Elle avait trouvé son chat. Dans la poubelle, avec le cou cassé.

Dès lors, il régna dans l'immeuble une suspicion mal définie, chacun accusant les autres et prenant des airs indignés.

« Quelqu'un capable d'étrangler une petite bête est capable de tout... »

Mme Syvon s'en fut porter plainte au commissariat. Mais en 1950, même en Suisse, étrangler un chat ne tombait pas sous le coup de la loi. Quant à mener une enquête pour découvrir l'étrangleur, il n'en était pas question. Mme Syvon alla voir un bureau de police privée qui voulut bien accepter la mission, mais contre une telle somme que la pauvre femme recula. L'étrangleur resta donc impuni.

D'ailleurs personne ne le soupçonnait. Un jeune homme si fin. Mince et élégant, réservé, d'une politesse délicate, qui ne parlait presque pas, mais travaillait sa musique toute la journée. Le jeune violoniste Johannes est l'exemple même de l'être insoupçonnable de la moindre cruauté.

D'ailleurs, quelques semaines après l'assassinat du chat, Johannes abandonne sa chambre et disparaît de Lausanne, son violon sous le bras. Au hasard de ses pérégrinations, un certain nombre de chats disparaissent de leur domicile, et la plupart du temps on les retrouve étranglés soigneusement déposés sur un paillasson ou dans une poubelle, voire dans une boîte à lettres.

Chaque fois qu'il a étranglé un chat, Johannes disparaît de l'endroit, comme s'il n'était venu que pour tuer le chat, ou bien comme s'il ne pouvait plus supporter les lieux de son crime.

Car c'est bien d'une succession de crimes qu'il s'agit. Il n'est pas question d'accuser d'homicide quiconque écrase un chat sur la route, mais d'accuser de crime quiconque étrangle n'importe quoi qui ne lui a rien fait.

Johannes, à l'âge de vingt-six ans, a dû étrangler une bonne cinquantaine de chats. Pourquoi ? Est-il malade ? Sadique ?

Apparemment pas. Johannes a des parents relativement fortunés, des frères et sœurs et n'a jamais eu de problèmes de jeunesse. Il n'est pas d'un caractère violent, ni trop renfermé d'ailleurs. Assez régulièrement il rend visite à sa famille ou lui écrit. S'il vit seul, c'est qu'il a décidé de travailler la musique à fond, de composer, et qu'il n'a besoin de personne pour cela. Mais il n'est pas sauvage. Pas à proprement parler. Il lui arrive de recevoir des amis. La seule chose que l'on pourrait reprocher à Johannes serait de changer trop souvent de domicile.

Ayant étranglé, donc, une cinquantaine de chats, dont quelques-uns en France, certains en Autriche, mais la plupart dans son pays natal, la Suisse, Johannes décide un jour de se rendre à Londres pour quelque temps. Dans le double but de travailler sa musique à l'anglaise et d'attraper quelques matous britanniques.

Voilà donc Johannes, un soir de juin 1952, quelque part dans Londres, inspectant les panneaux des chambres à louer. Puis visitant les appartements. Et demandant innocemment, comme d'habitude, à la logeuse :

« J'espère que vous n'avez rien contre les animaux ? »

Non qu'il ait un chien en laisse, mais pour que la logeuse réponde :

« Oh ! Vous pensez non, il y a un chien là, un chat là ou un chimpanzé ici... »

L'essentiel étant de localiser les chats. Ayant repéré une chambre dans un immeuble où les chats abondent, et ayant affirmé qu'il avait lui-même l'intention d'en avoir un, Johannes s'installe dans une charmante maison de Soho entourée d'un jardin. Chaque chambre donne sur le jardin, et chaque chambre est louée. Johannes découvre ainsi sa voisine. Une ravissante employée. Vraiment ravissante. Quand une Anglaise se met à être jolie, dit-on, elle l'est vraiment. C'est le cas. Norma, mi-brune, mi-rousse, teint de lait, tache de son et yeux violets, ferait damner un saint. Et ô ! merveille, la jolie dame vit en compagnie de deux chattes siamoises particulièrement baladeuses ! Johannes en aperçoit toujours au moins une, faisant sa toilette sur les bords des fenêtres.

Les jours et les semaines passent. Deux mois passent. Puis six. Le temps est largement dépassé. En règle générale, Johannes exécute un chat pris sur place, dans les trois mois de sa venue. Cette fois, rien. Que se passe-t-il ? Mystère.

Dans la maison, personne ne fait particulièrement attention au nouveau locataire qui, contrairement à son habitude, ne joue pas du violon. D'ailleurs, il ne compose pas, n'écrit pas à sa famille, et c'est tout juste s'il se nourrit.

On pourrait croire qu'il est amoureux. N'est-ce pas lui qui a envoyé à Norma ce poème en vers intitulé : *Lumière et ombre autour de vous*. Il y parle de son « âme torturée par un désir inavouable ». N'est-ce pas lui qui ferme ses volets précipitamment, quand la voisine appelle ses chats dans la cour commune ? C'est l'opinion d'une locataire en tout cas. Une très vieille dame très bavarde et très curieuse, qui passe le plus clair de son temps derrière sa fenêtre à observer la vie des autres et à les faire parler quand elle le peut.

Or, si elle n'a pas réussi à faire parler Johannes, elle a fait parler la jeune fille, et son appartement bien situé lui permet d'observer les deux chambres. Cet après-midi, par exemple, la vieille Mrs. Copperer a observé quelque chose de très intéressant. Malheureusement, Mrs. Copperer a l'habitude d'interpréter ses observations selon un code qui lui est personnel.

D'un verre à moitié vide, elle dira de préférence qu'il est à moitié plein. Ce qui n'est pas une erreur, mais une interprétation.

Donc, Mrs. Copperer observe. Et voici tout d'abord ce qu'elle observe. C'est dimanche. Aucune autre interprétation n'est possible à ce sujet. C'est dimanche, car tout est fermé à Londres.

Dans la petite cour, un soleil pâle joue avec les deux chats de Norma. La porte-fenêtre qui donne accès de la cour à la chambre de la jeune fille est entrouverte, et de la musique s'en échappe. La porte-fenêtre qui donne accès de la cour à la chambre de Johannes, le jeune homme, est fermée.

Interprétation de Mrs. Copperer : la jeune fille est chez elle, et le jeune homme n'est pas chez lui.

Vers cinq heures de l'après-midi, quelqu'un ferme les volets chez Norma, en appelant les chats en même temps.

Interprétation de Mrs. Copperer : la jeune fille a rentré ses chats et fermé les volets à cinq heures du soir. Les volets de Miss Norma sont donc clos. Ceux de Johannes le sont aussi. D'ailleurs il a déménagé. A sa logeuse, il a expliqué rapidement que des soucis de famille le rappelaient en Suisse. Il a abandonné sa caution, pris son violon et disparu le dimanche vers midi. C'est le surlendemain seulement que l'on découvre la jeune Norma, morte étranglée, avec ses deux chats. Selon le médecin légiste, la mort remonte à plusieurs jours, et l'enquête de la police la fixe au dimanche soir. Car le témoignage de Mrs. Copperer est important. C'est le dernier. Après elle, personne n'a revu la jeune fille vivante.

« Vu. » Car Mrs. Copperer dit qu'elle a « vu » la jeune fille vers cinq heures appeler ses chats et fermer ses volets. Sinon ce ne serait pas drôle, et l'on soupçonnerait immédiatement Johannes.

Au lieu de cela, c'est une commission rogatoire qui le recherche et l'interroge en Suisse.

Johannes est chez papa-maman. Maigre, blond, le teint pâle, il a abandonné la musique pour quelque temps, dit-il. Sa mère est souffrante, et il est vrai qu'il est rentré précipitamment le dimanche de la mort de Norma, ayant appris la maladie de sa mère. Il était dans l'avion à sept heures du soir.

A la question : « Étiez-vous amoureux de la

jeune fille ? », Johannes répond avec un sourire gêné.

« Vous savez, je ne cours pas après les jeunes filles.

— Vous lui rendiez visite, cependant, et l'on a retrouvé chez elle des lettres.

— Non. Pas des lettres. Un poème. Un seul. Et il est vrai que je lui rendais visite, mais c'était plutôt pour rendre visite à ses chats. J'adore les chats. Que sont devenus les chats ?

— Ils sont morts.

— Tiens, comme c'est curieux !

— N'est-ce pas ? »

Et voilà. C'est tout. En Angleterre, l'enquête piétine. En Suisse, Johannes s'ennuie pendant quelques semaines. Au bout desquelles il reprend son violon, puis sa quête de solitude dans des chambres meublées.

Si seulement Mrs. Copperer ne répétait pas depuis la dixième fois :

« Je l'ai vue fermer ses volets à cinq heures et appeler ses chats », on penserait à Johannes. Car tout indique le crime d'un familier. La chambre n'était pas en désordre, rien n'était fracturé. Et la jeune fille a été étranglée si soigneusement, si proprement que les enquêteurs ont même pensé un moment qu'elle était endormie profondément. Mais Norma n'avait pris aucun narcotique. Quant aux chats, étranglés de la même façon, on les a autopsiés par mesure de sécurité, mais aucun poison, aucune drogue. Rien que deux mains étonnamment solides et efficaces. Des mains d'homme, douées d'une force prodigieuse. C'est l'avis du médecin, et c'est la seule explication. L'étrangleur a des mains exceptionnelles, et il portait des gants. C'est tout.

L'inspecteur du Yard, qui a fait le tour des possibilités, le tour des relations de Norma, le tour des étrangleurs, réfléchit devant les photos du dossier. Les chats l'intriguent. Ce n'est pas facile d'étrangler un chat, et c'est une drôle d'idée. Il arrive que des gens se suicident avec leurs animaux. Il arrive aussi que des voleurs tuent chiens et chats dans une maison, mais à l'arme à feu. Pas à la main.

Celui qui a étranglé les deux siamois a dû se faire mordre et griffer en conséquence. L'inspecteur se demande soudain si l'on a examiné les griffes des chats. Peut-être restait-il accroché quelques fibres de tissu...

Fébrilement, l'inspecteur fouille dans le dossier pour relire le rapport d'autopsie des chats. Le médecin y a bien pensé. Et il a noté :

« Sans que l'on puisse en tirer une conclusion, étant donné qu'il s'agit d'animaux dont les pattes sont en contact permanent avec le sol, d'une part, et qui font leurs griffes sur n'importe quoi d'autre, il y a trace, sous les pattes arrière des deux chats, de lambeaux de cuir marron. Probablement les gants de l'assassin. »

Des gants marron. Comment savoir si le

petit Suisse, le voisin de Norma, porte des gants ? Et s'il en porte, quelle petite piste minuscule. Un individu qui a l'air d'une mauviette maigre et qui, de plus, a un alibi confirmé par un témoin. A l'heure du crime, il n'était pas là. Si toutefois l'heure du crime est la bonne. Et si Norma et les deux chats avaient été tués à cinq heures de l'après-midi ? Johannes le Suisse était là à cinq heures.

Alors, une nouvelle fois, l'inspecteur du Yard retourne voir la vieille Mrs. Copperer et lui fait répéter son témoignage. Mais avec le temps, la demoiselle s'est persuadée définitivement. Aucun doute ne peut plus l'effleurer. Elle affirme avoir vu ce qu'elle a vu. Et comme personne ne peut dire le contraire, l'inspecteur s'apprête à abandonner. D'ailleurs il n'a, lui, aucune raison de croire que la vieille dame se trompe. Il voulait seulement vérifier encore. Car quelque chose le tracasse, et il ne sait pas quoi.

C'est ce qu'il dit à Mrs. Copperer, qui se vexait presque d'être mise en doute.

« Quelque chose me tracasse, voyez-vous... Je ne sais pas quoi... Je repense à ce jeune homme qui est parti le même jour. Je n'aime pas les coïncidences de ce genre quand il y a crime. »

Mrs. Copperer semble réfléchir, puis tout à coup avance une réflexion étonnante :

« A mon avis, ce jeune homme n'aimait pas les chats.

— Ah ! bon ? Qu'est-ce qui vous fait dire ça ? Vous ne l'avez jamais dit ?

— Je ne l'ai jamais dit parce que je n'en suis pas sûre, jeune homme. Vous qui êtes dans la police, vous devriez comprendre ! C'est une impression. L'impression qu'il faisait la cour aux chats pour avoir la maîtresse. Il avait peur d'eux en réalité. Et il fermait soigneusement sa fenêtre quand ils venaient trop près de chez lui. D'ailleurs, il ne les a jamais caressés. Et voyez-vous inspecteur, il a très bien pu les étrangler. Maintenant que vous me le dites ! »

Maintenant que vous me le dites ? Mais l'inspecteur n'a rien suggéré de tel. C'est elle qui le dit. C'est Mrs. Copperer qui interprète et affirme ce qu'elle vient de penser à la minute même. Le petit inspecteur n'a aucun mérite, et il repart persuadé que le témoignage de la vieille dame est aussi peu sûr que ses déductions.

Alors, avec l'aide d'Interpol, comme pour la première fois, l'inspecteur redemande un interrogatoire de Johannes. Mais il n'est plus chez ses parents, il a de nouveau choisi la solitude, de Lucerne cette fois. Seulement, la convocation revient « inconnu à l'adresse ». Il est déjà reparti.

La logeuse qui renseigne la police suisse ne sait pas ce qu'il est devenu.

« Il est parti, attendez. Oh ! pas longtemps après l'histoire du chat, donc c'était en février.

Il n'était là que depuis un mois d'ailleurs. »

L'histoire du chat ?... Le policier a dressé l'oreille. Quelle histoire de chat ?

Alors, la brave dame raconte la triste histoire du vieux matou qui dormait dans sa loge, depuis bientôt dix ans, et retrouvé étranglé sur le rebord de la fenêtre. Et Interpol Suisse transmet à Londres l'étrange coïncidence.

Cette fois, l'inspecteur veut entendre lui-même ce Johannes. Deux histoires de chats et de départ précipité, c'est beaucoup pour un seul homme. Il faut encore un mois pour retrouver Johannes, qui change d'adresse de plus en plus vite ces derniers temps.

Mais le voilà enfin à la disposition de l'inspecteur du Yard. Convoqué à la police judiciaire de Lucerne, le 24 mars 1953, il y arrive en avance. Assis sagement dans un bureau, il attend. Calme, blond et mince. Deux yeux bleus largement cernés, un nez étroit, des lèvres enfantines, un petit menton. A-t-il quinze ans ou presque trente ?

Pendant les premières questions de routine, l'inspecteur venu de Londres observe les mains de son interlocuteur. Elles sont belles. Pire que belles. Fascinantes. Longues, maigres, on les dirait animées d'une vie propre. Johannes les tient à plat sur ses genoux, paumes cachées. Les ongles sont soignés et la peau extrêmement blanche. Fragile. Il porte un très beau chronographe au poignet gauche.

« Vous changez souvent d'adresse, monsieur ? »

Les mains se croisent, et les doigts se tendent légèrement.

« Vous n'aimez pas rester en place ? »

Les mains se déplient, puis s'accrochent l'une à l'autre, doigts entremêlés avec une pauvre désinvolture.

« Vous n'aimez peut-être pas les meublés ? Vingt adresses en six ans, rien qu'en Suisse. C'est ce que l'on appelle la bougeotte... »

Les mains se serrent. Avec force. Tant de force que les jointures des doigts rougissent et s'ornent d'une auréole blanche.

« Vous n'aimez pas les chats non plus, n'est-ce pas ? »

Cette fois, les mains se détendent totalement. Et Johannes a un mince sourire en répondant :

« Je sais où vous voulez en venir. C'est vrai, je déteste les animaux.

— Pas les animaux, monsieur, les chats seulement.

— Si vous voulez.

— Vous portez des gants, monsieur ?

— Comme tout le monde.

— Puis-je voir les vôtres ?

— Je n'en ai pas sur moi.

— Vous les portez toujours pour étrangler les chats ?

— Je me vois mal étranglant un chat.

— Sur vingt adresses que vous avez occupées en Suisse, une enquête rapide a signalé la disparition de dix-sept félins. Mais une chose m'intrigue : pourquoi les étrangler et les laisser sur place ? Et autre chose encore : pourquoi la jeune fille ? Qu'est-ce qui vous a fait passer des chats aux gens ? »

Johannes s'est alors levé dignement, et il a demandé dans l'ordre : sa mère, un avocat et la permission de se laver les mains.

Une perquisition à son domicile le jour même a ramené une paire de gants de cuir marron. L'analyse microscopique a confirmé que les éléments trouvés dans les griffes de chats étaient de la même matière. Mais cela n'était pas suffisant, et de toute manière il y avait mieux.

Comme beaucoup de maniaques du genre collectionneur, Johannes tenait le compte de ses chats étranglés dans un petit carnet, genre agenda précieux, doré sur tranche. Il y avait le jour, l'endroit, la description de l'animal et le temps. Exemple : 14 mai 1948. Palier du 3e étage. Un tigré mâle de deux ans : deux minutes quarante secondes.

Ou : 6 janvier 1953. Chatte noire tachée de blanc. Arrière-cour : trois minutes sept secondes...

Et il y en avait une bonne cinquantaine. Moyenne d'étranglement : trois minutes. Johannes avait des doigts d'une dureté exceptionnelle, surtout à la main gauche qu'il exerçait régulièrement sur son violon.

Le nom de Norma n'était pas sur le petit carnet aux chats. Mais il y avait ses deux siamois, la date et l'endroit.

Johannes n'a avoué pour Norma que quelques jours avant son procès, obligeant son avocat à modifier toute sa défense et à plaider l'irresponsabilité. La vieille Mrs. Copperer a fait une tête incrédule à chaque audience.

Johannes fut un cas pour les experts en psychiatrie, qui eurent tendance à expliquer que l'assassinat de la jeune fille était peut-être lié à l'obsession des chats, mais que le « malade » n'était pas irresponsable pour autant.

Quant à Johannes, après avoir avoué le meurtre, il n'a jamais dit pourquoi. Jamais. Ni pour Norma, ni pour les chats. Il a disparu dans les couloirs ripolinés d'une maison de santé suisse, immédiatement après son procès. Il avait déjà tenté de se suicider en se jetant d'une fenêtre du palais chez le juge d'instruction. Les trois jours de son procès s'étaient passés devant un homme totalement hébété, pour qui la réclusion à vie ne voulait plus rien dire.

Pourquoi tuait-il des chats ? Et pourquoi la jeune fille aux yeux violets ? Parce qu'elle ressemblait à un chat ? Parce qu'il l'aimait ? Mystère. Personne n'a compris. Et c'est bien énervant.

LA LIME A ONGLES

La Sierra Nevada est cette chaîne de montagnes pelées, désertiques, dans le sud de l'Espagne, entre Malaga, Grenade et Almeria. Les paysages y sont à ce point sauvages et ravinés que l'on y a tourné, dans les années 60 à 70, d'innombrables westerns de fabrication franco-espagnole, ou franco-italo-espagnole, à base de dollars américains d'ailleurs.

C'est dans ce décor lunaire que serpente laborieusement une route en lacet, mal goudronnée, creusée de nids-de-poule, comme toutes les routes d'Espagne après la guerre. Mais celle-ci est encore moins fréquentée que les autres : elle coupe la Sierra Nevada par le travers, entre Motril, sur la Méditerranée, et Grenade. En 1951, même au mois d'août, ce n'est donc pas une route très fréquentée.

C'est là, vers deux heures du matin, le 28 août 1951, que le conducteur d'un camion poussif, chargé de melons, arrive en haut du col, débraie, commence la descente vers Grenade, et aperçoit un homme : un homme au beau milieu de la route, en plein dans ses phares. Le camion est déjà lancé. Le conducteur freine en catastrophe, en même temps qu'il fait un appel de phares désespéré. Affolé, il constate que l'homme, au lieu de se ranger sur le bas-côté, reste planté au milieu de la route, écartant les bras, faisant des signes au camion pour qu'il s'arrête. Il a l'air aveuglé par la lumière. Le chauffeur freine toujours désespérément, mais le camion, déporté dans le virage par le poids de son chargement de melons, se met en travers et glisse lentement vers le fossé.

Tandis que le camion surchargé dérape, le chauffeur espagnol invoque la Madone et se dit : « Cette fois, je suis mort... »

La dernière vision qu'il a, avant de basculer, c'est ce fou, cet imbécile en plein dans ses phares, gesticulant au milieu de la route ! C'est à cause de lui qu'il est en train de mourir.

Le vieux camion commence par se coucher sur le côté.

Une montagne de melons se déverse alors sur la route et sur le bas-côté. On en retrouvera 400 mètres plus bas. Puis il ripe, sur le côté gauche, et atteint le fossé incliné profond de deux mètres. C'est là qu'il se retourne et reste planté sur le toit.

Les roues sont encore en train de tourner,

les melons de dévaler, que le chauffeur abasourdi, contusionné, mais miraculeusement indemne, sort en rampant de la cabine à l'envers, dont le toit l'a protégé de l'écrasement. Il rampe aussi vite qu'il le peut afin de sortir du fossé, car l'essence commence à se répandre sur le moteur surchauffé. Une terrible douleur à la jambe l'empêche de se relever. Il a réussi à traverser la route, au milieu des débris de melons éclatés, et à se réfugier dans le fossé de l'autre côté, quand le réservoir d'essence du camion explose.

Ce n'est qu'au bout de longues minutes, quand il est sûr de ne plus rien risquer, que le chauffeur rampe à nouveau sur la route, car il ne peut toujours pas se relever. Sans doute a-t-il une jambe brisée. Malgré cela, sa première pensée est pour le fou, responsable de l'accident, et qui est toujours au milieu de la route, à cette différence près que maintenant il y est étendu, apparemment mort, ou du moins gravement blessé.

Au dernier moment, alors que le camion commençait à verser, le chauffeur a bien vu qu'il allait malgré tout le heurter. Toujours en rampant, car chaque mouvement provoque une douleur atroce, il se dirige vers l'homme étendu. Il ne peut pas le laisser là, sur la chaussée. Le prochain véhicule, probablement un autre camion descendant sur Grenade, sera surpris à son tour et l'écrasera définitivement.

En arrivant enfin près de l'homme, le chauffeur constate avec stupeur qu'il n'est pas tout à fait mort. Le spectacle est pourtant horrible. A la lueur des dernières flammes de l'incendie, il peut se rendre compte que l'homme a eu les deux jambes écrasées, probablement par le châssis du camion renversé qui l'a traîné sur quelques mètres : une horrible traînée de sang mêlée aux débris de melons éclatés en témoigne. Pratiquement, cet homme n'a plus de jambes, et il perd son sang avec une régularité impressionnante.

Malgré sa jambe brisée, malgré son horreur aussi, le chauffeur s'approche de ce mort vivant, dont la face est tournée vers le ciel de nuit, face aux étoiles. Il a l'air de murmurer quelque chose. C'est une invocation à la Madone, toujours la même : « Sainte Madone, priez pour moi. Sainte Madone, priez pour moi... » Il répète encore cette prière deux ou trois fois, puis sa bouche s'immobilise.

Alors, seulement, le chauffeur blessé remarque une chose ahurissante, une chose horrible : l'homme a quelque chose de planté dans l'œil. Il s'approche, toujours en rampant, et, surmontant son dégoût, essaie de comprendre de quoi il s'agit.

Mais les flammes de l'incendie du camion commencent à baisser. Et le clair de lune lui permet seulement de distinguer une sorte de lame de métal assez mince, arrondie au bout, plantée tout droit dans l'œil gauche du malheureux ! Ce n'est sûrement pas dans l'accident que cette chose terrible est arrivée.

Le chauffeur, ne comprenant rien à cette histoire de fou, décide de ramper à nouveau vers le bas-côté de la route. Il ne peut plus rien pour cet homme, qui vient manifestement de mourir, après une dernière prière à la Madone. C'est seulement deux heures plus tard qu'une camionnette arrive en haut du col de la Sierra Nevada, entame la descente, et freine juste à temps devant les débris de l'accident. Son conducteur se précipite, le chauffeur du camion l'appelle... Et c'est seulement vers l'aube qu'il arrive enfin, dans la camionnette, à Grenade.

Il est évacué sur l'hôpital et les policiers espagnols examinent le cadavre horriblement mutilé du mystérieux inconnu responsable de l'accident. Celui qui s'est obstiné à rester planté au milieu de la route, en faisant des signes sans voir que le camion lui fonçait dessus. Et les policiers comprennent pourquoi l'homme a eu cette attitude incompréhensible : c'est qu'il n'y voyait plus rien. Non pas à cause des phares du camion, mais parce qu'il était aveugle. Et il y avait deux raisons à cela : d'abord, le médecin légiste constate que son œil droit, apparemment figé par la mort, est, en fait, un œil de verre. Ensuite, avant même de commencer à retirer la lame de métal mince qui est profondément enfoncée dans l'autre œil du mort, il comprend ce que c'est :

une lime à ongles. Quelqu'un a planté une lime à ongles dans l'œil de ce malheureux, et, très évidemment, peu de temps avant l'accident. Voilà pourquoi il errait sur la route, sans voir qu'il était en plein milieu ! De plus, il devait souffrir atrocement.

En fouillant les poches du mort, les policiers trouvent d'abord son identité : il s'agit d'un certain Manuel Sandenez, maçon à Grenade. Mais ils trouvent aussi une carte d'étudiante, au nom de Brigitte Bernaudat, dix-huit ans, de nationalité française, habitant au Maroc.

D'autre part, le médecin légiste a évidemment pris la précaution de retirer la lime à ongles en la tenant par la tranche : grâce à quoi, en la saupoudrant de talc, les policiers de Grenade y décèlent l'empreinte digitale de la partie centrale d'un pouce.

L'enquête, aussitôt déclenchée, détermine que la propriétaire de la carte d'étudiante, Brigitte Bernaudat, est sortie d'Espagne le matin du 29 août, par le poste frontière de La Linea : c'est-à-dire qu'elle est entrée dans l'enclave britannique de Gibraltar, sûrement pour y prendre le ferry-boat anglais, à destination de la zone internationale de Tanger.

Interpol est immédiatement alerté et une semaine plus tard, Brigitte Bernaudat est retrouvée à Casablanca, dans sa famille.

Donc, le 8 septembre 1951, un policier se présente au domicile des parents de Brigitte, dix-huit ans. Et immédiatement, il constate que la jeune fille a des pansements sur le visage. En présence de ses parents, inquiets, il commence à l'interroger :

« Vous êtes rentrée d'Espagne, il y a quelques jours ?

— C'est-à-dire que je suis rentrée de France, où je suis allée passer le mois d'août. J'étais partie avec ma sœur Marie-Hélène.

— Vous avez voyagé comment ?...

— Nous sommes rentrées en stop, à travers l'Espagne... »

A ce moment, la mère de Brigitte intervient :

« Mais qu'est-ce qui est arrivé, monsieur ? Dites-le-nous tout de suite ! Brigitte est encore mineure ! Sa sœur Marie-Hélène également, puisqu'elle n'a que dix-sept ans ! Elles ont voulu rentrer de France en stop, sans nous demander notre accord ! Mon mari et moi-même avions dû rester au Maroc. Elles étaient parties toutes les deux par le train, voir notre famille à Toulouse... Si nous avions su qu'elles rentraient en stop ! Nous n'aurions pas voulu, c'était trop dangereux. Mais qu'est-ce qui est arrivé, monsieur l'inspecteur ? Pourquoi venez-vous les interroger, à cause de cet accident ? »

L'inspecteur interrompt Mme Bernaudat :

« De quel accident parlez-vous ?... »

Mme Bernaudat hésite :

« Eh bien... elles nous ont raconté qu'elles

avaient eu un accident de voiture, avec un Espagnol qui les avait prises sur la route... Heureusement, elles s'en sont tirées toutes les deux avec des blessures à la tête. Le chauffeur n'a pas eu grand-chose, lui non plus, elles ont pu continuer dans une autre voiture jusqu'à Gibraltar. Voyons, Brigitte, parle un peu, c'est bien ce que tu m'as dit ? »

Le policier demande à la jeune fille, qui a l'air de plus en plus troublée :

« Où s'est produit cet accident, mademoiselle ? »

Brigitte baisse la tête, puis, avec réticence, elle affirme :

« Sur la Costa Brava, près de Barcelone.
— Vous êtes sûre que ce n'est pas plutôt dans la Sierra Nevada ? Entre Motril et Grenade ? »

Le policier laisse passer un temps pour ménager un effet, et ajoute :

« Là où vous avez perdu une carte d'étudiante ? Là où vous avez perdu aussi, peut-être, une lime à ongles ? »

A ce moment, une voix tranquille, une voix ferme d'adolescente intervient dans le dos du policier :

« Laisse tomber, Brigitte ! Il vaut mieux dire la vérité. »

Le policier se retourne, en même temps que les parents de Brigitte. Marie-Hélène est là, devant eux : dix-sept ans, une grande fille brune, solide, au regard droit et franc. Elle a entendu le début de l'interrogatoire de sa sœur depuis sa chambre, et très tranquillement, elle dit à ses parents :

« Ne vous inquiétez pas, nous n'avons rien à nous reprocher ! »

Puis elle se tourne vers le policier, et lui dit :

« Si on a retrouvé ma lime à ongles dans l'œil de ce type, apprenez une chose : c'est moi qui la lui ai plantée ! Et si c'est lui qui a porté plainte, laissez-moi vous dire qu'il est gonflé ! »

Sans tenir compte de l'exclamation de la mère des deux jeunes filles, l'inspecteur réplique :

« Il n'a pas porté plainte, mademoiselle. Il s'est fait écraser par un camion auquel il faisait des signes sans le voir. Il avait un œil de verre, et, dans l'autre, il y avait votre lime à ongles. Il est mort quelques instants après le choc, les deux jambes écrasées. La police espagnole a retrouvé la carte d'étudiante de votre sœur Brigitte dans sa poche ! »

A ce moment, Marie-Hélène a cette réflexion stupéfiante :

« C'est de ma faute. J'aurais dû mieux le fouiller ! »

Sa mère, alors, manque de s'évanouir.

« Marie-Hélène !!! Mais tu es folle ! Mais qu'est-ce que tu as fait ?... Sainte Mère de Dieu, dis-nous la vérité ! »

Le regard bleu de Marie-Hélène, le regard

tranquille de ses dix-sept ans se fait alors soudain glacé comme sa voix :

« Ne dis pas ça, maman ! Ce salopard, lui aussi, invoquait la Madone ! »

Puis elle se tourne vers l'inspecteur, et enfin, enfin seulement, cette enfant de dix-sept ans perd son calme, et se met à crier :

« C'était un fou ! Un fou criminel ! »

Puis, calmée, soutenue par sa sœur Brigitte, plus calme et plus timide aussi, les deux sœurs font un récit de fou, effectivement.

Dans l'après-midi du 27 août 1951, Marie-Hélène et Brigitte se trouvent à la sortie de Grenade, en train de faire du stop... Jusque-là, tout s'est bien passé. Marie-Hélène, qui est la plus forte de caractère, bien que la plus jeune, y a entraîné sa sœur. Elle prétend qu'à deux, elles ne risquent rien.

A ce moment s'arrête une voiture. Un homme est au volant, seul. Il se penche à la portière et demande en espagnol :

« Où allez-vous, mesdemoiselles ? »

Comme Brigitte, qui apprend l'espagnol au lycée, lui répond : « Nous allons sur Malaga et Gibraltar » son sourire s'éclaire, et il enchaîne en français :

« Vous êtes françaises ? J'ai longtemps travaillé en France ! Montez avec moi, je rejoins la route côtière !... »

Il a cependant un drôle de sourire. Cela vient de ce que, manifestement, son œil droit est un œil de verre, mais s'il fallait se méfier de tous les gens qui ont un œil de verre. Il a l'air gentil, et parle français.

Alors Brigitte et Marie-Hélène montent dans la voiture, et tout se passe bien pendant une heure et demie à peu près... L'homme bavarde, les interroge. Il n'a aucune phrase, aucun geste déplacé. Dans la Sierra Nevada, la route est mauvaise et monte en lacet. Arrivé en haut du col, le spectacle est impressionnant. L'homme arrête soudain la voiture sur le bas-côté.

Marie-Hélène est devant, Brigitte sur la banquette arrière. Depuis un bon moment, elles avaient pris confiance, mais cet arrêt subit les inquiète. D'autant plus que la nuit ne va pas tarder à tomber.

Elles comptaient dormir dans un motel sur la côte, en arrivant. Pourquoi l'homme s'arrête-t-il ?

Il descend de voiture, et dit très naturellement :

« Le moteur a chauffé, il faut qu'il refroidisse un peu ! »

Avant de descendre de la voiture, sous son siège, il a pris un tournevis, comme s'il allait voir quelque chose dans le moteur. Mais le voilà qui fait le tour du capot, revient à la portière droite, et par la vitre baissée, il frappe Marie-Hélène à la tête.

Puis, aussitôt, il ouvre la portière, la saisit par le bras et la traîne dehors avec brutalité. Brigitte, affolée, ouvre la portière arrière et veut l'assaillir pour défendre sa sœur. Mais il se retourne et la frappe à son tour. La lame du tournevis lui ouvre la peau du crâne, elle est aveuglée par le sang. Il la frappe à nouveau, cette fois d'un coup de poing. Elle tombe alors évanouie à son tour.

Pendant ce temps, Marie-Hélène, blessée à la pommette par le tournevis, essaie de se relever. Il la frappe encore à la tête, puis l'homme, devenu fou, saisit les deux sœurs par les cheveux. Car elles ont toutes les deux de longues chevelures, et les traîne ainsi jusqu'au fossé qui borde la route.

Brigitte, réveillée par la douleur, le supplie :

« Non ! Non, laissez-nous, par pitié ! »

Marie-Hélène ne dit rien, elle lutte contre la douleur et tente de retrouver ses esprits.

L'homme les dépose enfin dans le fossé, puis les attache par les cheveux.

C'est alors seulement que Marie-Hélène prend vraiment peur. Jusque-là, elle s'est dit : « Il va nous violer. » Mais tout d'un coup, en voyant que l'homme les attache par les cheveux, elle se dit : « C'est encore plus grave que ça ! Il va nous tuer ! »

L'homme ramasse une pierre dans le fossé, et il se met à frapper les deux jeunes filles à la tête, un peu partout, mais sans violence excessive, comme s'il voulait seulement leur faire mal ! Marie-Hélène le supplie encore :

« Laissez-nous ! Prenez notre argent, nous ne dirons rien. »

Elle a encore, en bandoulière, une sacoche de cuir, où sont leurs papiers d'identité, et un peu d'argent espagnol. Un instant, elle espère, car l'homme cesse de les frapper avec la pierre, pour fouiller dans le sac. Il y prend l'argent. Mais le voilà qui prend aussi leurs passeports, tous leurs papiers, et les met dans ses poches ! Pourquoi ferait-il cela, sinon pour retarder leur identification ? Sinon parce qu'il va les tuer ?

Le voilà d'ailleurs qui recommence à frapper Brigitte avec son caillou, à petits gestes secs. Et qui entreprend de vouloir la violenter.

Brigitte sanglote, essaie de se protéger, le supplie ! Penché sur elle, il la contemple avec son œil unique en ricanant ! Avec son œil de verre, il est véritablement horrible à voir ! Et c'est l'œil de verre qui donne à Marie-Hélène une idée désespérée, une idée terrible.

Elle fait ce qu'aucune jeune fille de son âge n'aurait osé faire. Ni même, probablement, aucune femme à sa place ! Elle se dit : « Ce fou va nous tuer, après nous avoir violées, il est trop fort, nous ne pourrons pas résister ! Une seule chose reste à faire, mais il ne faut pas rater ! »

Profitant de ce que l'homme est en train de torturer sa sœur, elle glisse sa main dans son sac encore entrouvert, et y saisit la seule arme qu'elle puisse y trouver : sa lime à ongles ! Et quand l'homme à l'œil de verre se penche à son tour sur elle, sans s'affoler, sans paniquer, d'un geste très précis, en y mettant toute sa force, elle lui enfonce sa lime à ongles dans l'œil gauche. Le seul œil qui lui permettait de voir !

L'homme pousse un hurlement terrible et porte les mains à son visage. Alors Marie-Hélène se relève, en arrachant ses cheveux à moitié, se précipite vers sa sœur, et l'aide à se dégager. Puis elles courent toutes les deux vers la voiture ! Marie-Hélène a pris le temps, très vite, de ramasser leurs papiers d'identité épars. L'homme, aveuglé, horrible à voir, est d'ailleurs incapable de réagir. Il ne fait que hurler :

« Santa Madona ! Ayez pitié ! »

Il est temps, en effet, pour lui de demander pitié.

En quelques secondes, les deux jeunes filles sont à la voiture. Elles savent suffisamment conduire pour la faire démarrer. Quelques kilomètres plus loin, elles s'arrêtent pour panser leurs blessures car heureusement, comme toutes les jeunes filles qui ont fait du scoutisme, elles ont une trousse de pharmacie dans leur sac à dos. Elles constatent qu'elles n'ont que des ecchymoses et des blessures sans gravité. La plus sérieuse est celle de Brigitte, au cuir chevelu ; elle est malgré tout superficielle, et finit par cesser de saigner.

Alors, elles conduisent la voiture toute la nuit jusqu'à Gibraltar et l'abandonnent un peu avant le poste frontière de La Linea. Là elles se présentent à l'embarquement pour le ferry-boat. Personne ne leur pose de questions sur leurs pansements. Du moment qu'elles ont leurs papiers, tout est normal.

Elles se retrouvent donc à Tanger à midi, et prennent le train pour Casablanca où elles arrivent le soir même. Là, elles n'oseront pas dire la vérité à leurs parents et parleront d'un banal accident de voiture. Avouer qu'elles avaient fait du stop, avouer que Brigitte avait été violée, avouer que Marie-Hélène avait crevé l'œil d'un homme, c'était trop !

Mais la carte d'étudiante de Brigitte était restée dans la poche de l'homme. Aveuglé, souffrant le martyre, la lime à ongles toujours plantée dans l'œil, l'homme a attendu jusqu'à une heure du matin qu'un véhicule passe. L'entendant arriver sans le voir, il s'est précipité, sans se rendre compte qu'il était au milieu de la route, et le camion, qui essayait de l'éviter, l'a écrasé.

Il s'appelait Manuel Sandenez, il avait quarante-trois ans, il était maçon à Grenade. Apparemment sans famille. En tout cas, aucune plainte n'a été déposée, et la justice espagnole a fini par renoncer à demander l'extradition de Marie-Hélène et Brigitte, admettant peut-être qu'il y avait aussi une autre justice, qu'elle soit divine ou de hasard.

LES TRENTE SUSPECTS

ON a beau dire aux jeunes filles de dix-huit ans : attention, tous les garçons, tous les amours ne sont pas bons à prendre. Attention, toutes les promenades ne se font pas au clair de lune, attention, qui offre un chocolat se fait souvent payer de retour. On a beau dire, personne n'empêchera les jeunes filles de dix-huit ans de vouloir se rendre compte par elles-mêmes.

En 1968, Barbara Felder a dix-huit ans et de bonnes joues rondes, façon bébé. Mais le reste de son anatomie est sorti de l'enfance. Alors en 1968, dans le petit appartement berlinois, comme partout ailleurs ou presque dans le monde, Barbara piaffe d'impatience.

« Je veux voir le monde, je veux être libre. Dehors la poussière et les conventions bourgeoises ! »

Papa, maman Felder regardent avec effroi ce produit de l'après-guerre, cette fleur poussée à l'ombre du mur de Berlin, au pied du rideau de fer, qui parle de liberté en mâchant du chewing-gum. Et les examens, et l'avenir ?

L'avenir ? Barbara s'en moque comme de sa première bombe atomique, dit-elle. L'essentiel est le moment qui passe.

Or, le moment qui passe est essentiel pour beaucoup de monde en cette année 1968, et Barbara, qui veut aller à Paris apprendre le français, entre autres, l'a bien choisi ce moment. Contre vents et marées, papa et maman réunis, la voilà partie dans le joyeux désastre de ce printemps parisien. Car Barbara n'attend pas la permission paternelle. Sac à dos, la voilà parisienne.

Mais Barbara est mineure, et ses parents ont parfaitement le droit de la faire rechercher. Ce qu'ils font au bout d'une quinzaine de jours après avoir épuisé toutes les possibilités locales. C'est-à-dire les amis et la famille.

La jeune Barbara Felder est arrivée à Paris sans encombre. Pendant quelques jours, elle a grignoté les miettes exaltantes de mai 68, en dormant n'importe où, avec n'importe qui, discutant philosophie, politique, violence et non-violence, liberté sexuelle et autre fleur aux dents, sur des estrades de trottoirs. Seulement les meilleures choses ont une fin, et vivre mai 68 en plein mois d'août vous a un petit goût de rassis. Barbara se sent seule et un peu affamée. L'urgence d'un lit confortable et d'un robinet d'eau chaude se fait de plus en plus pressante. Les cafés-crème manquent de calories. Barbara cherche du travail puisque tout confort commence par là. Au hasard de ses pérégrinations, elle a fait la connaissance d'une autre jeune fille allemande, Uté, qui travaille au pair et apprend le français à l'université. Uté est du genre raisonnable. Elle n'a pas, faut-il le préciser, la silhouette, les cheveux blonds et les yeux verts de Barbara. Il lui est donc plus facile d'être raisonnable, sûrement. Uté se décarcasse pour trouver une chambre de bonne et un travail à sa nouvelle amie. Le travail, malheureusement, ne sera pas officiel, et sanctionné par une fiche de paie. C'est dommage car il aurait permis de retrouver Barbara avant le drame. Une famille accepte de faire travailler la jeune fille au noir. Pour un salaire de misère, elle sera bonne à tout faire et à ses risques et périls.

La chambre de bonne, c'est un cagibi. Ni plus ni moins qu'un ancien placard au 7e étage d'un immeuble de rapport. Cela existe encore, ces vieux grigous de la location au centimètre carré. Ces abuseurs d'espace vital.

Dans le grand immeuble où habite déjà Uté, une chambre de bonne avec lavabo, le propriétaire a eu le génie de récupérer 4 mètres carrés sur un palier. Les 4 mètres carrés représentaient à l'origine un placard à balais, doublé d'un réduit à ordures, et d'un lavabo d'étage. Le tout fait à présent une chambre, où l'on peut jeter un matelas large de 80 centimètres, une chaise et une valise. Il n'y a, bien sûr, ni fenêtre ni aération. Le lavabo grelotte de rouille et de froid, et il n'est pas question de mettre son nom sur la porte. Ce palace coûte 250 francs de loyer, et il les vaut, si l'on considère que le quartier est le plus chic de Paris. Mais à ce compte-là, et pour le même prix, pourquoi ne pas vivre carrément sur le trottoir.

Donc Barbara travaille au noir, à mi-temps, pour environ 200 francs par semaine. Et elle n'a pas de domicile avouable, sans contrat, sans quittance. Elle est donc introuvable pour toute organisation légale. C'est la situation idéale pour disparaître définitivement, et sans que nul ne s'en inquiète.

A part le chat de la concierge.

Un chat dodu et ronronnant, qui connaît tout son monde, du rez-de-chaussée au 7e étage. Puisqu'il dort au rez-de-chaussée, et vit sur la terrasse.

Le 21 septembre 1968, alors que tout le monde et Interpol cherchent Barbara Felder, c'est le chat qui révèle sa cachette.

Il gratte depuis un moment à la porte du placard de Barbara. Un locataire en passant devant la concierge, dit :

« Tiens, votre chat est en train de gratter au septième. »

La concierge monte, récupère son chat,

le redescend, et il remonte et il regratte.

Au bout du troisième manège de ce genre, la concierge frappe à la porte du placard. Elle n'obtient pas de réponse. Elle tourne la poignée, la porte s'ouvre et une étrange odeur fade la fait reculer ; une odeur qui plaisait au chat.

Barbara est étendue en travers de son placard. Elle était jolie, Barbara. Elle avait de jolis yeux en amande. Ils sont grands ouverts, tuméfiés, fixes. Deux balles ont traversé sa poitrine de part en part ; tirées de près, étouffées par le matelas de mousse, et groupées comme pour un tir de précision. Elle est vêtue d'une sorte de chemise longue, en voile hindou.

Le médecin légiste dira que la mort fut instantanée, et que la jeune fille n'a pas subi de violences autres que des coups de poing au visage. Dans le sac de voyage, on retrouve son passeport, des colifichets, des cigarettes, des produits de beauté, un peu d'argent et une série de photos.

C'est par là que l'enquête commence.

Car personne dans l'immeuble n'a eu de rapports privilégiés, ou de simple voisinage, avec la jeune fille. Son amie Uté mise à part, personne. Le propriétaire qui encaissait sans vergogne les 250 francs de loyer pour son placard transformé en cercueil déclare à la police :

« Moi vous savez, je ne la connaissais pas. J'ai rendu service c'est tout ! »

Il est bien le monsieur. A la mesure de son placard.

Uté, la seule amie de Barbara, ne l'avait pas vue depuis une semaine. Les employeurs au noir ne l'avaient pas vue depuis trois jours à son travail.

« Vous ne vous êtes pas inquiétés ?
— Vous savez, avec ces filles-là, on n'en finirait pas. D'ailleurs, on ne peut pas compter sur elles... »

Ils sont bien ces gens-là, à la mesure de leur salaire.

Il reste cette curieuse série de photos, prises par un amateur. On y voit tout un groupe de jeunes réunis pour une surprise-partie ou quelque chose de ce genre. Chaque photo est différente, sur le plan des personnages, mais toutes ont été prises au même endroit : un appartement qui a l'air assez grand, dont on devine le mobilier cossu, et le propriétaire à l'aise, vu le nombre impressionnant de bouteilles d'alcool, et leur diversité.

La police relève, sur ces photos, quarante-trois personnages différents, mais tous jeunes. Treize jeunes filles et trente garçons. Barbara y pose à plusieurs reprises. Elle a l'air gai, les autres aussi. Une réunion d'étudiants, semble-t-il.

L'inspecteur chargé de l'enquête interroge Uté sur ces photos. Elle ne reconnaît personne, à part Barbara. Elle n'était pas à cette réunion, car elle ne sort que très peu. Barbara ne lui en a pas parlé. Elle ignore si Barbara avait un flirt, un amant, un ami ou un protecteur. Elle ignore si elle avait des ennuis. Elle ne sait rien. Personne ne sait rien.

Uté dit simplement :

« Elle m'a vaguement parlé d'un homme, avec qui elle est sortie quelquefois. Brun je crois, grand et mince, mais je n'en suis pas sûre. Je ne connais pas son nom. »

Rarement crime a été plus mystérieux. Et l'enquête démarre dans un désert total.

Bon, se dit l'inspecteur, puisqu'il n'y a rien d'autre, je vais me dire que l'assassin est là-dessus, sur ces photos, que c'est un homme, puisqu'il a donné des coups de poing. J'ai donc trente suspects, inconnus, ni nom, ni adresse.

Pourquoi pas, car l'assassin n'a pas tué pour prendre de l'argent ou voler des papiers. Il n'a pas tué pour violer. Donc ce n'est ni une simple crapule ni un sadique. D'autre part, il a pénétré chez Barbara, dans son placard, avec l'assentiment de la jeune fille. Deux preuves à cela : l'immeuble est fermé à clef, à huit heures du soir, et ils ont bu du jus de fruit et fumé des cigarettes. Donc, ils se connaissaient. Et qui connaît Barbara ? Ceux qui sont là sur cette photo.

Comme, de toute manière, l'inspecteur n'a rien d'autre, le voilà courant après les trente suspects de la photo.

Ils ont l'air d'étudiants, mais il y a un espoir, car ils ont l'air d'étudiants étrangers. C'est indéfinissable, mais ça se voit. D'autre part, Barbara, étant allemande, a pu rechercher des fréquentations de son pays.

L'inspecteur entreprend donc de faire le tour des maisons d'étudiants, en montrant ses photos. C'est fastidieux, long, et il a affaire à une population de gens beaucoup plus instables que les malfrats du milieu.

Un étudiant, surtout étranger, ça bouge énormément, ça suit des cours partout, dans les instituts de ceci, de cela, ça travaille n'importe quand et n'importe où, ça vit chez les copains des copains.

En gros, un gangster se retrouve plus facilement. Surtout en cette fin d'année 68, en cette période de rentrée scolaire 69, où ceux de 68 ne sont pas forcément là. Le malheureux inspecteur piétine pendant quinze jours, avant de mettre le nez sur l'un des personnages de la photo.

Il a enfin un nom. Imprononçable. Mais c'est celui du garçon en haut à gauche sur la photo n° 3. Un étudiant mexicain, celui qui est grimpé sur un canapé, et qui sourit de toutes ses dents blanches.

D'adresse en adresse, il retrouve le garçon, qui étudie la musique le jour, et fait la plonge dans un restaurant la nuit. Il ne se souvient pas de Barbara. Pas même de l'endroit où a été prise la photo que l'inspecteur lui montre. Et il a l'air sincère.

« Allez donc savoir ! on va chez les uns, chez

les autres, me rappelle plus moi ! Si le gars qui a pris les photos m'en avait donné, j'y aurais fait attention sur le moment, mais vous savez inspecteur, on en a fait des bringues ces derniers temps. C'était chouette d'ailleurs ! »

Mais tout de même, le Mexicain se rappelle deux autres têtes.

« Celui-là c'est un Anglais, un fou de la musique pop, celui qui est assis par terre en bas de la photo n° 6, et l'autre, celui qui fait semblant de plonger dans le seau à glace, là, au milieu de la photo 9, c'est un Égyptien, un rigolo qui étudie le chinois. »

L'Anglais s'appelle Michael Steed... et l'Égyptien Sharif Benezer... L'inspecteur reprend son travail de fourmi, apprend que l'Égyptien a quitté Paris pour l'Extrême-Orient... et que l'Anglais serait peut-être à un festival pop quelque part en Angleterre. Ce faisant, il découvre l'identité d'un quatrième, un Français nommé Pierrot Mousson, qui ne se souvient de rien, sauf d'un cinquième, un autre Français, nommé Pitot, lequel est en Algérie au titre de la coopération, dont le frère se souvient d'un sixième..., etc. De quoi devenir fou, jusqu'au 24e. L'inspecteur l'embrasserait ce 24e ! Oh ! le brave petit. Il se souvient ! Il se souvient de la surprise-partie !

« C'était dans une baraque du XVIe... Je ne sais plus qui nous avait amenés là, mais on sortait d'une boîte, on a rencontré une autre bande, un type nous a dit : « J'ai une combine chez un copain, on peut y aller tous pour manger et boire un coup... » et voilà !

Il se souvient, mais ça n'amène pas grand-chose. Et Barbara ? Il se souvient aussi, vaguement, c'était une jolie fille, qu'il n'a pas revue depuis, ni vue auparavant d'ailleurs. Par contre, celle-là oui, et celui-là, oui.

Mais tous ces garçons n'ont manifestement pas des têtes d'assassins ni des comportements d'assassins. Ils n'ont rien à cacher. Et c'est la réflexion que fait notamment le 28e « suspect » de l'inspecteur.

« Vous savez, un revolver, c'est pas le genre chez nous. Et tirer sur une fille de dix-huit ans aussi jolie, faut être malade ! »

Cette réflexion en l'air fait soudain réfléchir l'inspecteur sur un détail, qui n'a rien à voir d'ailleurs.

A chaque fois qu'il a interrogé un garçon, il a demandé :

« Qui a pris ces photos ? »

Et à chaque fois on lui a répondu : « Sais pas, pas moi en tout cas. » Et nulle part, l'inspecteur n'a pu retrouver une autre série de photos, même une seule photo comme celles que possédait Barbara. Alors il redemande à son 29e « suspect » :

« Qui a pris ces photos ?

— Je ne sais pas, mais apparemment c'est le même type, dites donc, c'est peut-être celui que vous cherchez ? Celui qui n'est pas sur les photos ? »

Celui qui n'est pas sur les photos, mais personne, personne ne s'est souvenu de celui qui n'est pas sur les photos... Si ! Quelqu'un, quelqu'un a dit : « c'était un type », c'est quoi un « type » ? Le type qui invitait les autres ? Le propriétaire de l'appartement luxueux ? de « la baraque » dans le XVIe ?

« Elle était où cette baraque ? Faites un effort bon sang, trouvez-moi le nom d'une avenue, près de quoi ? Essayez de refaire le chemin...

— C'est difficile, c'était la nuit, tout le monde rigolait, on était à plusieurs voitures... »

Alors l'inspecteur prend son suspect devenu témoin à bord de sa voiture, et les voilà partis à la recherche d'une maison hypothétique. Le garçon fait ce qu'il peut, avec bonne volonté. Il retrouve un café où ils étaient une dizaine à discuter, il se souvient d'un monument, puis d'un parking souterrain. Il croit se souvenir que c'est par là... Quelque part sur cette avenue.

Cette avenue est bordée d'arbres, d'immeubles de standing et d'hôtels particuliers. Comment perquisitionner dans tout ça ? De quel droit ? Sur quel soupçon ? Dans quel ordre ?

Pauvre inspecteur. Il y a plus d'un mois qu'il enquête. Il a vu presque tous ces suspects. Et il a fait interroger les autres par Interpol. Trente ! Sur les trente, un seul a pu le mener jusqu'à cette avenue calme et tranquille, aux portails clos, aux portes électriques. Plus de cinq mille personnes y habitent, honorables, riches, recommandables. Ce n'est pas une piste, c'est un cul-de-sac de luxe.

Et si l'assassin était venu d'Allemagne ? Un fiancé éconduit ou n'importe qui d'autre. Et si l'assassin s'était trompé de personne ? Et s'il fallait reprendre à zéro tout bêtement...

De retour à son bureau, l'inspecteur, découragé, relit les auditions des premiers témoins : la concierge, le propriétaire pingre, les voisins, la copine Uté. La bonne copine, qui étudie le français, et travaille au pair chez des gens bien...

Et c'est curieux, l'adresse des gens bien, les patrons de Uté la jeune fille au pair, est sur cette avenue. Pas exactement sur l'avenue, mais dans une impasse qui donne sur l'avenue. C'est bizarre et c'est mince mais ce n'est peut-être pas une coïncidence.

L'inspecteur décide tout à coup d'aller interroger Uté chez ses patrons, et non chez elle. Pour voir à quoi ressemble l'appartement en question.

Or c'est le même que celui de la photo. Le divan, le guéridon, le tapis, la lampe. Il n'y avait pas grand-chose de reconnaissable à priori, mais lorsqu'on voit le décor original, tout y est.

Ce qui revient à dire que la surprise-partie a eu lieu ici, dans le courant du mois d'août 68.

Cela ne mène pas jusqu'à l'assassin, pas encore, mais voici enfin du solide.

M. et Mme E., propriétaires de cet appartement, ont-ils organisé la surprise-partie ? Non. Ils étaient en vacances en Tunisie, avec leurs enfants. Les enfants dont s'occupe la petite Allemande Uté. Si quelqu'un a organisé une soirée, ce ne peut être que leur fils aîné, Marc, étudiant en chimie, qui fait actuellement un stage aux États-Unis. L'inspecteur peut voir le portrait de Marc. Un beau garçon, grand et mince, brun, au sourire sympathique. Il peut voir son appareil photo. Il peut constater que cet appareil a pris les photos qu'il a entre les mains depuis la mort de Barbara. Mais Marc n'en possède pas d'autres. Et pourtant il les a développées lui-même, car il dispose d'un laboratoire complet. Comment se fait-il que parmi les trente étudiants interrogés et les quelques filles qu'il a retrouvées, personne n'ait dit à l'inspecteur : « C'est le fils de la maison qui a pris les photos ? » Ils étaient tous un peu ivres, c'est vrai. Ils se connaissaient à peine entre eux, c'est vrai, mais quand même !

Les parents du jeune Marc ne comprennent rien aux soupçons de l'inspecteur. Il est évident pour eux que leur fils n'est pas un assassin, d'ailleurs il a dû voir Barbara une fois ou deux, et c'est Uté qui a dû la lui présenter. Uté est bien pâle quand l'inspecteur l'interroge devant ses employeurs.

Elle est bien obligée d'avouer, au bout d'un moment, que c'est elle qui a organisé cette surprise-partie en l'absence du propriétaire. D'ailleurs, elle a tout remis en ordre, et si elle n'a rien dit, c'est qu'elle avait peur de se faire disputer. Elle ne connaissait que cinq ou six des jeunes gens qui sont venus, à quarante-trois, faire la fête ici. Elle n'aurait pas pu aider l'inspecteur...

Et l'inspecteur ne la croit pas. Partant du principe que lorsqu'on ment pour une petite chose, avec autant d'aisance, on peut mentir pour une plus grave, il entreprend de harceler la jeune fille. Il veut tout savoir sur cette soirée, qui était avec qui, et surtout la date ! C'était le 28 août.

Barbara a été assassinée quinze jours plus tard. Uté a prétendu qu'elle ne l'avait pas revue la dernière semaine. Est-ce possible alors qu'elles habitaient le même immeuble ? Uté a pu mentir, là-dessus aussi.

Elle a craqué après trois interrogatoires épuisants.

Uté est une jeune fille de dix-neuf ans, lourde et laide, que l'on dit raisonnable, alors qu'elle est renfermée tout simplement.

Elle s'était amourachée du fils de la maison, lequel la traitait comme une bonne... Par contre, lorsque Barbara est venue un jour, il lui a tout de suite fait la cour. Il lui avait même dit : « Pourquoi ne viendrais-tu pas aux États-Unis à la rentrée ? »

Marc était parti le 15 septembre. Et Barbara attendait qu'il écrive. Elle ne supporterait pas plus longtemps ce placard sordide où elle vivait. Si Marc écrivait, s'il lui trouvait comme promis un job aux États-Unis, alors Barbara irait bien sagement demander la permission à ses parents. Elle en avait sa claque de la vie libre soi-disant. Rien de tel que l'amour, disait-elle.

Uté avait décidé de la tuer, le soir où Barbara lui avait dit :

« Toi tu ne feras jamais rien dans la vie, que de servir de bonniche, et torcher des fesses. Moi à ta place, il y a longtemps que j'aurais fait du gringue au fils de la famille. »

Uté avait acheté un revolver à un copain de rencontre. Il n'y avait d'ailleurs que deux balles dans le chargeur. Et comme elle avait peur d'en acheter, elle avait visé soigneusement et Barbara, étendue sans méfiance, à la lueur d'une bougie, n'avait pas vu l'arme arriver.

Les coups de poing, Uté les avait donnés entre la première et la deuxième balle. Elle avait eu peur que Barbara crie. Ensuite elle avait regagné sa chambre à l'étage supérieur. Personne n'avait bougé dans l'immeuble. Le lendemain, elle avait jeté l'arme dans la Seine.

Elle avait bien pensé aux photos. Elle savait que Marc les avait toutes données à Barbara, car elle était ravissante sur tous les clichés. Mais elle avait eu peur d'aller les chercher. Il était plus facile de faire disparaître les négatifs dans la chambre de Marc, elle y faisait le ménage. D'ailleurs, elle ne figurait sur aucune, elle le savait bien, elle était dans la cuisine préparant à manger, lorsque Marc les avait prises. Uté a dit encore que Marc avait écrit à Barbara, et qu'elle n'avait pas montré la lettre. Elle l'avait reçue chez elle, sous double enveloppe car Barbara n'avait pas de boîte aux lettres, puisque la location de son placard était illégale. Le propriétaire avait dit : « Ne donnez pas cette adresse, je n'ai pas le droit de louer. »

Ainsi s'achève l'histoire des trente suspects de la mort de Barbara Felder.

Comme dirait l'inspecteur : avec les crapules et les gangsters c'est plus simple. Et on a moins de peine, on se pose moins de questions quand ils avouent.

VRAIMENT
C'ÉTAIT UN ACCIDENT

MILE VAN DIYK, revenant de la cimenterie où il travaille, a posé sa veste sur le guidon de son vélo car il fait assez chaud cet après-midi du 25 août. Soudain, une Opel couleur tabac le double à très vive allure. Mile pense qu'elle va beaucoup trop vite et regarde avec curiosité comment elle va négocier le virage à droite qui, un peu plus loin, marque la route de Zuid Willems Canal, en Hollande.

Sa curiosité n'est pas déçue, car la grosse Opel couleur tabac ne négocie rien du tout. Entré dans le virage, le conducteur semble perdre le contrôle de son véhicule et file tout droit vers le canal. La voiture heurte le parapet, le renverse et plonge dans l'eau épaisse et boueuse.

Van Diyk pédale à toute allure vers le bord

du canal. Il sait qu'à cet endroit il est profond d'environ six à sept mètres, et que le fond est très vaseux. Les occupants de la voiture ont très peu de chance de s'en sortir s'ils ne sont pas d'excellents nageurs.

Lorsqu'il arrive près du bord, une boule noire crève la surface : c'est une tête d'homme. La bouche s'ouvre, le survivant prend aussitôt une longue aspiration. L'homme essaie de retrouver son souffle et commence à nager vers la rive avec difficulté. Peut-être est-il blessé.

Van Diyk lui tend la main tout en regardant si d'autres rescapés n'apparaissent pas à la surface. Seule une couronne de bulles marque l'endroit où la grosse voiture a disparu avec une rapidité étonnante.

« Y avait des gens avec vous ? demande Van Diyk.

— Ma femme, répond le survivant, hagard et haletant. Ma femme... Et elle ne sait pas nager. »

Van Diyk est pétrifié d'horreur. Il ne sait pas nager non plus et le rescapé, effondré sur le bord du canal, est incapable d'entreprendre le sauvetage. Alors Van Diyk saute sur son vélo et pédale comme un fou jusqu'à la cimenterie.

Quelques instants plus tard, d'une camionnette sautent cinq ou six sauveteurs bénévoles. Il n'y a pas d'explication à leur donner : ce n'est pas la première fois qu'un accident se produit à cet endroit. Ils plongent, localisent le véhicule mais sont incapables d'en ramener les autres occupants.

Le rescapé, un homme simple en blouson de nylon blanc et cravate, est effondré. Il regarde autour de lui les gens s'agiter.

Manifestement, il vit un cauchemar. Un cauchemar d'autant plus affreux qu'il se sent coupable. Il répète sans arrêt : « C'est ma faute ! C'est ma faute ! »

Lorsque la police et les pompiers surgissent et qu'une grue sort enfin la voiture du canal, on y trouve un homme et une femme dont les corps sont aussitôt envoyés à la morgue.

Un peu ému parce que son chef, le capitaine, est là, l'un des gendarmes interroge rapidement le rescapé avant qu'on l'emmène à l'hôpital.

« C'est vous qui conduisiez la voiture ?
— Oui.
— Comment vous appelez-vous ?
— Jorgen Maltse. »

Jorgen Maltse a trente-quatre ans. Il est conducteur de camions. La femme qui était dans la voiture était la sienne. Elle s'appelait Nelly et elle avait trente-cinq ans. L'autre victime était un voisin et leur ami : Yan, trente-quatre ans et maçon.

Le capitaine de la gendarmerie de la ville la plus proche, à trois kilomètres de là, au centre de la Hollande, est un vieux de la vieille qui ne fait pas de roman. Mais il a déjà eu affaire à ce genre d'accident. Or les autres fois les témoins avaient vu plus de détails. Pourquoi ? Il interroge le témoin Mile Van Diyk, autant avec ses yeux bleus et leur regard pénétrant qu'avec sa petite voix aigrelette et glaciale.

« La voiture a coulé si vite que je n'ai eu le temps de rien voir. Il y a eu une gerbe d'eau et puis tout de suite un cercle et des bulles. »

Le capitaine regarde la grosse Opel couleur tabac. Certes, elle doit être lourde mais pas au point de s'engloutir aussi vite. Des gendarmes s'affairent autour d'elle. L'un d'eux note scrupuleusement l'état dans lequel on l'a sortie du canal et notamment que toutes les portes étaient fermées sauf celle du conducteur. Un autre qui vient d'ouvrir la malle arrière pousse une exclamation.

« Venez voir, patron ! »

Le coffre arrière est plein de pierres.

Avant que l'ambulance emmène le rescapé, le capitaine a le temps de lui demander :

« Qu'est-ce que c'est que ces pierres ?

— Ce sont des pierres qu'on emmenait à la maison de Yan. Il voulait faire des travaux chez lui.

— Il y en a bien pour deux cents kilos, constate le capitaine. Ça expliquerait pourquoi la voiture a coulé si vite. »

Mais déjà la porte arrière de l'ambulance s'est refermée sur le malheureux.

Comme il n'y a pas lieu de s'éterniser sur ce

drame affreux et banal, le capitaine regagne sa voiture.

Vingt-sept jours plus tard, le capitaine reste les yeux écarquillés sur une lettre anonyme qu'on vient de lui apporter. Elle concerne ledit accident affreux, et si banal qu'il l'avait déjà presque oublié.

Le rescapé et Trees, la femme du maçon, ont dû subir un traitement à l'hôpital en raison du choc provoqué par la mort de leur conjoint réciproque. Il sait que, dans le petit village, tout le monde compatit, d'autant que le rescapé reste seul avec deux petites filles et la femme du maçon seule avec un fils de quatre ans. Les cérémonies de l'enterrement ont eu lieu dans le recueillement et, lorsque la vie a repris son cours normal dans le village, le capitaine avait déjà fermé le dossier. Et voici cette lettre...

« Jorgen Maltse est un meurtrier, dit le correspondant anonyme. Lui et Trees, la femme du maçon, sont amants depuis longtemps. Ils ont tout combiné pour éliminer les deux autres. »

Si la police ne néglige jamais les lettres anonymes, elle tient leurs auteurs pour ce qu'ils sont : c'est-à-dire des gens lâches et quelquefois répugnants, mais qui, souvent, sont à l'origine de la vérité. Dans les jours qui suivent, le capitaine, bien qu'il n'aime pas faire de roman et que cette accusation l'étonne, va donc essayer de se renseigner.

Malheureusement, les gens du petit village, sans s'être concertés, mais comme souvent en pareil cas, respectent la loi du silence. Toutefois, le capitaine observe qu'aucun d'eux ne s'indigne vraiment qu'une telle accusation ait été lancée. Cela ne suffit pas à transformer en meurtre un accident de la route, mais cela signifie que le crime est à tout le moins plausible. Le capitaine fait donc surveiller discrètement le couple, en attendant de nouvelles lettres anonymes qui ne manqueront pas de lui parvenir. Et puis, à tout hasard, il convoque Jorgen, soi-disant pour lui faire signer un procès-verbal qui permettrait de clore définitivement l'affaire.

Jorgen se présente à la convocation, poli, courtois et franc. Le capitaine l'observe de ses yeux bleus glacés et essaie de prendre un visage aimable. D'autant que le garçon est sympathique. C'est le type même du père tranquille au visage large, aux pommettes saillantes qui traduisent le besoin d'affection. Il a les cheveux châtains et la voix chaude. Le capitaine sait de lui que c'est un excellent employé dans l'entreprise de transport où il travaille et tout le monde a remarqué qu'il aime beaucoup ses deux filles.

« Vous voyez souvent la femme de votre ami ?

— Oui, répond Jorgen sans hésiter. Depuis le drame nous nous voyons souvent. Surtout pour les enfants. »

Le policier lui tend le procès-verbal :

« Lisez. Lisez tranquillement. Et puis vous me ferez vos commentaires. »

Quelques instants plus tard, Jorgen repose le procès-verbal sur le bureau.

« Hélas ! c'est tout à fait ça, dit-il. L'accident s'est produit parce que je conduisais trop vite. Pourtant, je suis chauffeur professionnel et je n'ai jamais eu de problème avec ce virage. Mais j'ai tout simplement oublié les 200 kilos de pierres qui étaient à l'arrière. Lorsque j'ai donné mon coup de volant, la voiture a été brusquement déséquilibrée et je n'ai rien pu faire...

— Et vous êtes d'accord aussi sur la suite ?

— Tout à fait. Quand la voiture a coulé, j'ai ouvert la porte de la voiture et j'ai saisi Nelly. Elle s'est accrochée à ma veste. Mais lorsque je me suis glissé par la portière, tout d'un coup, j'ai senti qu'elle avait lâché. »

Jorgen en a les larmes aux yeux. Il revit ce moment atroce avec une émotion bien compréhensible, comme si chaque détail lui revenait.

« Quand j'ai senti la veste, qui était tendue derrière moi, devenir molle, ça a été terrible. Mais je ne pouvais rien faire, vous comprenez. Déjà, je manquais d'air. Je ne pouvais plus réfléchir. J'étouffais. Je n'ai eu que des gestes mécaniques. Il fallait absolument que je respire. Je me suis retourné un instant pour essayer de l'atteindre. En même temps j'étais paniqué parce que je n'ai jamais su bien nager. Je crois que j'étais complètement inconscient quand je suis arrivé à la surface. Vraiment, c'était un accident. »

Les yeux bleus du capitaine sont devenus encore plus bleus et plus froids. Et sa voix aigrelette est sans pitié lorsque Jorgen parti, il dit à ses collaborateurs :

« Pourquoi a-t-il prononcé cette dernière phrase : « Vraiment, c'était un accident » ? Entre lui et nous, il n'a jamais été question d'autre chose. Il n'est jamais venu à l'idée d'une victime d'un accident de la route de conclure sa déposition en déclarant : « Vrai- « ment, c'était un accident. » Je ne dis pas que cet homme est un criminel, mais je crois qu'il ment. »

Les mois passent. Les lettres anonymes se multiplient comme prévu. Mais elles ne font que redire éternellement les mêmes choses et n'apportent aucun fait nouveau.

Par contre, Jorgen et Trees se voient désormais sans retenue et finalement, annoncent leur mariage, prévu pour le 15 septembre, c'est-à-dire un peu plus d'un an après l'accident.

Mais ce n'est pas extraordinaire. Ils peuvent, c'est vrai, avoir été amants avant cet accident, mais ce n'est pas pour autant qu'il faut les accuser d'avoir tué leur mari et leur femme. Ils peuvent tout simplement, dans la solitude brutale qui les a saisis, avoir cherché un refuge moral l'un près de l'autre. Les deux familles ayant été très liées, on ne pourrait que s'en féliciter pour le bien des enfants.

Tout cela prouve simplement que Jorgen et Trees, s'ils sont coupables ou s'ils mentent, se sentent désormais tranquilles, persuadés que la police n'a aucune preuve contre eux.

Ce qui est d'ailleurs vrai. Mais il ne se passe pas de jour où le capitaine ne se souvienne de cette petite phrase inutile et inattendue : « Vraiment, c'était un accident. » Et bien qu'il n'ait pas la moindre preuve, il est convaincu que ce garçon lui cache quelque chose. Alors, il décide de risquer le tout pour le tout. S'il réussit, il sera un policier génial. S'il échoue, il pourra dire adieu à son avancement.

Deux jours avant le mariage, le capitaine réunit tout son monde dans une piscine en plein air à quinze kilomètres du petit village où demeurent les deux suspects. Le capitaine ne se sent pas très sûr de lui car il n'a pas de plan précis. Il compte modifier brutalement le climat psychologique dans lequel s'est jusqu'à présent déroulée cette enquête discrète et presque feutrée. Il espère qu'il pourra, dans les propos de Jorgen, brusquement paniqué, trouver le petit indice, la petite preuve, ou du moins la petite contradiction qui lui permettra de repartir à zéro.

Jorgen a d'abord été convoqué à la gendarmerie. De là, les gendarmes doivent le conduire dans une voiture officielle et sous bonne escorte à la piscine.

Inutile de dire que son visage tranquille est décomposé lorsqu'il apparaît, encadré d'hommes en uniforme, devant le capitaine qui attend à l'entrée.

« Que se passe-t-il, capitaine ? »

Le capitaine, tout d'abord, ne répond rien. Il fait quelques pas pour laisser à Jorgen le temps de découvrir sa mise en scène. Il y a là, au bord d'un grand bassin où se reflètent les nuages de septembre qui ont l'air de courir à la surface comme un troupeau, une dizaine de gendarmes, derrière un bureau dressé en plein air, le juge d'instruction et un greffier, il y a aussi le témoin, Mile Van Diyk, qui ouvre des yeux grands comme des soucoupes, des hommes-grenouilles assis sur le bord, qui agitent leurs palmes dans l'eau transparente, des journalistes brandissant des appareils photographiques, des talkies-walkies, une grue, et la grosse Opel dont la couleur tabac disparaît sous la boue séchée du canal.

Brusquement, le capitaine se retourne :

« Jorgen Maltse, je vous arrête pour le meurtre de votre épouse et de votre ami. Maintenant, nous allons reconstituer les faits. »

Dans le long silence qui suit, on entendrait voler une mouche. Par moments, le vent jette un voile sur l'eau transparente du bassin.

Les hommes-grenouilles, assis sur le bord, cessent d'agiter leurs palmes dans l'eau. Le juge d'instruction a tourné la tête pour mieux entendre la conversation. D'où il est maintenant, Jorgen doit voir un mannequin, maintenu par une gueuse de ciment, à trois mètres de profondeur. Il est complètement effaré.

« Mais. Mais je ne comprends pas. C'était un accident.

— Non. Nous venons d'établir la preuve formelle qu'il s'agit d'un crime. »

Jorgen s'est décomposé. Ses mains tremblent. Devant tous ces yeux qui le regardent et ce dispositif prêt à le broyer comme une énorme machine, il est incapable de prononcer un mot. Or, il faut qu'il parle. C'est le moment ou jamais. Mais dans l'état où il est, incapable de se contrôler, il ouvre la bouche et aucun son ne sort.

« Dites-moi la vérité... demande doucement le capitaine. Nous éviterons des moments très pénibles. »

« Allons... Parlez ! demande cette fois d'un ton impératif le capitaine. Puisque vous ne parlez pas, on y va ! »

Un signe du capitaine et les hommes-grenouilles ont plongé. La grue commence à soulever la lourde voiture. Un gendarme demande brutalement à Jorgen de retirer son blouson et tend la main pour le saisir.

Jorgen a un geste de recul et crie :

« Ne me touchez pas ! »

Devant tous les hommes qui s'entassent autour de lui, il craque brutalement :

« Oui, c'est vrai. Ce n'était pas un accident. » Et à présent, il hurle : « C'était un crime ! Mais ce n'est pas moi. C'était Yan ! »

Il ne faut pas lui laisser le temps, si ce n'est pas vrai, d'échafauder un nouveau mensonge et le capitaine répond du tac au tac :

« C'est faux puisque c'est lui qui est mort !

— Mais vous n'avez donc pas compris ! Vous auriez dû le deviner depuis le début. Yan savait que Trees et moi nous nous aimions. C'est lui qui a voulu nous tuer. C'est lui qui m'a demandé de transporter ces pierres. Moi je nage très mal et lui nageait très bien. Et quand nous sommes arrivés dans le tournant, il m'a serré le cou de toutes ses forces pour m'étrangler...

— Alors, pourquoi vous en êtes-vous sorti et pas lui ?

— Parce que j'ai réussi à l'assommer pendant que la voiture s'engloutissait.

— Et pourquoi n'avez-vous pas parlé plus tôt ?

— A cause des enfants, je ne voulais pas qu'ils sachent que leur père était un assassin. Je ne l'ai même pas dit à Trees. »

Cette fois, ce n'est pas Jorgen qui reste coi, mais toute l'armada policière. La version est logique. Le capitaine, déconcerté, regarde le juge d'instruction qui prend le relais. Le juge, en usant de toutes les ficelles du métier qu'il pratique depuis vingt ans, harcèle Jorgen de questions courtes, précises et ininterrompues.

Le capitaine, pendant ce temps, ouvre sa serviette. Quelque chose lui paraît impossible dans la thèse que défend Jorgen. Il consulte fébrilement ses papiers et trouve. C'est le témoignage du frère de Jorgen, qui vit au Nicaragua, et qui a été recueilli par Interpol.

Le frère de Jorgen a montré aux envoyés d'Interpol une lettre dans laquelle son frère racontait l'accident. Un détail a notamment frappé le capitaine : Jorgen disait que, lorsque la voiture a frappé la surface de l'eau, son réflexe a été de regarder à quelle distance du bord il tombait. C'est alors qu'il a vu le poteau télégraphique, qui, à cet endroit, borde le canal et il aurait eu le temps de penser : « Ah ! si seulement nous avions heurté le poteau, il nous aurait retenus sur la route... »

« Monsieur le juge, je voudrais vous dire deux mots. »

Le capitaine entraîne le juge et lui parle quelques instants à voix basse. Puis il revient auprès de Jorgen.

« C'est bon. Tout ça est faux ou vrai. Nous vérifierons. Un détail tout de même : vous m'avez dit il y a un instant que vous aviez assommé Yan pendant que la voiture s'engloutissait. Donc, au moment où la voiture a frappé la surface de l'eau, il avait encore les mains autour de votre cou ?

— Oui.

— J'ai noté également, dans une correspondance à votre frère, que la dernière chose que vous aviez vue, c'était un poteau télégraphique et vous avez pensé : « Si seulement nous « l'avions heurté, nous serions restés sur la « route... »

— C'est vrai.

— Comment avez-vous pu le voir depuis le canal puisque vous lui tourniez le dos et que Yan était en train de vous étangler ?

— Je l'ai vu dans la lunette arrière. »

Le capitaine réfléchit un instant et s'adresse cette fois à l'unique témoin de l'accident, Mile Van Diyk :

« Monsieur Van Diyk, faites un effort de mémoire. Lorsque la voiture a touché la surface de l'eau, qu'est-ce qui s'est enfoncé d'abord : l'avant ou l'arrière ?

— Je crois bien que c'était l'arrière.

— Évidemment, avec deux cents kilos de pierres dans le coffre. Donc, vu la hauteur de la rive et l'inclinaison de la voiture, vous n'avez rien pu voir dans la lunette arrière ! Donc vous mentez ! »

Durant trois heures, le capitaine et Jorgen sont restés au bord du bassin, discutant des moindres détails de cet instant qui ne dura que trois ou quatre secondes. De petites contradictions, ils en vinrent aux invraisemblances et, finalement, Jorgen a craqué définitivement. Plus de fausses raisons, plus d'explications, plus de défense. Il avait tout décidé.

Conduit en prison le soir même et jugé

quelques mois plus tard, Jorgen fut condamné à vingt ans et Trees à dix ans.

Trois petits enfants, eux, n'ont rien compris, sauf qu'ils étaient totalement seuls au monde.

LE VENTRE MOU
DU PETIT INDUSTRIEL DE FER

Une grande bâtisse de briques rouges, une odeur de caoutchouc brûlé qui flotte depuis quarante ans, un goût de fer rouillé. Le ronflement régulier d'un monstre endormi pour le week-end, ce sont les usines Ibanez, dans la banlieue de Madrid, où l'on fabrique du matériel électroménager. Qui on ? M. Ibanez, le señor Ibanez, petit industriel au ventre mou et au visage de fer qui a créé ces usines il y a quarante ans et dont le nom, depuis quarante ans, figure dans chaque foyer en Espagne. Il a soixante-dix-sept ans, il est né avec le siècle, puisque nous sommes le 8 juin 1977.

Venu comme chaque jour dans son usine, il en repart ce vendredi après-midi, vers quatorze heures, dans une grande voiture noire que conduit un chauffeur en livrée, à son service depuis vingt ans. Le señor Ibanez a travaillé tard car il part demain en vacances avec sa fille et ses trois petits-enfants.

Quinze heures, la voiture passe la grille d'un parc et s'arrête devant une splendide villa à proximité de la petite bourgade de Siguenza. Le chauffeur aide le señor Ibanez à descendre et le soutient le long des quelques marches de marbre. Dans le hall, le chauffeur est relayé par une gouvernante au chignon qui mène le vieillard directement vers la salle à manger. Des tapis, des toiles de maîtres et une table de quatre mètres. La fille du petit industriel, jeune veuve d'un éditeur, est là avec ses trois enfants, mais voici... à la surprise générale, cinq jeunes hommes que personne ne connaît! Ils viennent de surgir de la cuisine.

Trois d'entre eux sont barbus. Le quatrième a des lunettes de myope, le cinquième un furoncle ridicule sur le nez. Mais ils ont un point commun : ils tiennent chacun un pistolet braqué dans la direction du señor Ibanez.

Les voici maintenant rejoints par deux autres jeunes gens, l'un pourvu d'une tignasse rousse, aux mèches pendantes qui le font ressembler à un saule pleureur, l'autre un gamin maigrichon portant un revolver plus gros que lui, qu'il enfonce dans les côtes de la cuisinière.

L'un des barbus, qui paraît être le chef, compte les prisonniers. M. Ibanez « un », la gouvernante « deux », la cuisinière « trois », la fille Pilar « quatre », les enfants « sept ». Il manque le chauffeur ! Deux des jeunes gens se précipitent pour aller chercher le chauffeur. Les gosses inquiets se sont jetés dans les jambes de leur mère, la gouvernante et la cuisinière tremblent comme des feuilles.

Le señor Ibanez est un petit homme énergique, brun et glabre dont les yeux, armés d'une sorte de regard pointu, examinent froidement les pires situations. Le menton carré est lourd, énergique, toujours en avant, comme s'il était prêt à en donner des coups. Toute la force de cet homme s'est réfugiée dans son visage, toute sa vitalité, de sorte que l'on ne remarque plus le reste : ce corps qu'on ne voit plus, ce corps qu'on oublie, celui d'un vieillard, avachi et flageolant, aux épaules maigres et au ventre mou.

« Qu'est-ce que vous voulez ? demande-t-il aux barbus, sans perdre son sang-froid.

— Attends cinq minutes, tu le sauras. »

Mais le señor Ibanez ne se tient pas pour battu.

« Quelles que soient vos intentions, vous pourriez laisser les enfants en dehors de tout ça.

— Ta gueule ! Ils sont là, il faut bien faire avec ! On ne leur veut pas de mal aux enfants. D'ailleurs, on ne veut de mal à personne. »

Quelques secondes de silence, les prisonniers espèrent sans doute que le chauffeur va les sortir de là. Espoir déçu, car on aperçoit sa livrée sombre à travers la fenêtre vitrée de la salle à manger ; il entre à son tour les mains en l'air, plus ahuri qu'inquiet. Le chef des jeunes gens place alors un garçon devant chacune des trois portes.

« Señor Ibanez, voulez-vous me suivre dans votre bureau, s'il vous plaît. Quant à vous, dit-il en s'adressant aux autres, pour être sûr que vous serez bien sages, vous allez vous allonger par terre. Allez hop ! »

Tout le monde s'allonge silencieusement, sauf, bien entendu, le plus jeune des enfants qui se met à pleurer.

« Toi le gosse tais-toi ! On ne te fera rien mais tais-toi. »

Tandis que les trois garçons restent dans la pièce, un devant chaque porte, le revolver à la main pour surveiller les sept corps allongés et immobiles, les quatre disparaissent avec le señor Ibanez dans son bureau.

L'attente est longue et les minutes passent, dix minutes, puis vingt minutes. Les enfants se tortillent sur le tapis, les trois garçons qui surveillent les prisonniers commencent eux-mêmes à trouver le temps long et paraissent inquiets. L'un d'eux grommelle :

« Mais qu'est-ce qu'ils font ? »

Enfin, on entend grincer la porte du bureau, puis des pas sur le marbre du hall. La porte vitrée de la salle à manger s'ouvre, et le petit industriel paraît. Il fait dans la pièce deux pas, de sa démarche incertaine. Son visage est pâle.

Il tient à la main une feuille de papier dactylographiée. Il s'adresse à sa femme et ses domestiques d'une voix calme, où perce à peine une légère émotion :

« Vous allez rester très tranquilles, dit-il... Nous allons essayer de déjeuner comme si rien ne s'était passé. Ces messieurs ont fixé sur mon ventre une bombe à retardement. Elle explosera dans vingt-cinq jours si je ne leur ai pas remis d'ici là 500 millions de pesetas. »

Le chef des gangsters l'interrompit pour préciser :

« En billets usagers et sans signes distinctifs ! »

Comme transformé en pierre, chacun s'assoit, raide, sur sa chaise. Même les enfants se taisent, et c'est un étrange repas, dans la somptueuse villa du señor Ibanez. La cuisinière passe les plats en tremblant, les trois enfants ne bougent pas, ils ne comprennent pas s'il s'agit d'un jeu ou d'un drame. Leur mère, les larmes aux yeux, regarde, sans toucher aux plats, son père, qui s'est assis à l'extrémité de la table et qui ne mange pas non plus. Les gangsters, eux, se sont éclipsés.

Sur le ventre, sous sa veste, sous sa chemise, il y a une bombe à peine plus grosse qu'un poing. Il a vu pendant quelques instants entre les mains des gangsters une sorte de petit appareil de métal et de plastique transparent, dans lequel ceux-ci, avec d'infinies précautions, ont glissé ce qu'il suppose être des piles électriques. Avec les mêmes infinies précautions, les gangsters lui ont bouclé autour du corps une ceinture de caoutchouc sur laquelle l'appareil était accroché. Pour que l'adhérence soit parfaite, ils ont complété l'installation avec de grandes bandes de sparadrap.

Le petit industriel de fer lit et relit pour la dixième fois la feuille de papier dactylographiée que lui ont remis les gangsters. Cette feuille lui explique toutes les conditions qu'il doit remplir pour que la bombe n'explose pas prématurément : « Ne pas tenter d'enlever la bombe, ni défaire la ceinture, ni décoller le sparadrap. Ne pas faire de mouvements brusques, ne pas dormir sur le ventre, ne prendre ni bains ni douches, etc. »

« Il faut prévenir la police », dit enfin d'une voix tremblante la fille du señor Ibanez qui ne parvient pas à détacher ses yeux du ventre de son père.

Le petit industriel de fer réfléchit :
« Je ne sais pas. Ils me l'ont interdit.
— Alors, il faut payer.
— Oui, sans doute. Enfin, peut-être.
— Tu hésites ?
— Oui. Mais ce n'est pas l'argent qui me fait hésiter. C'est la folie de ces gens. Je ne sais rien de la machine qu'ils m'ont mis sur le ventre, je n'ai pas confiance : c'est peut-être tout aussi bien une bombe postiche qu'une machinerie compliquée, et dans ce cas trop compliquée. Peut-être explosera-t-elle de toute

façon, même si je verse l'argent. Peut-être que lorsque j'aurai versé l'argent ils me laisseront me débrouiller avec la bombe. Peut-être qu'ils n'oseront pas reparaître ou qu'ils ne sauront même pas la désamorcer. Peut-être qu'ils pourront la faire exploser par radio, à distance. »

Enfin, le petit industriel de fer prend une décision :

« De toute façon, je crois qu'il vaut mieux que je bouge le moins possible et que tu emmènes les enfants. »

La fille de M. Ibanez se lève, retient les enfants qui voulaient aller embrasser leur grand-père, et avant de sortir de la pièce, elle dit :

« Je vais prévenir la police.

— D'accord. Mais je lui interdis de venir jusqu'ici. Tu entends Pilar ? Tu ne téléphones pas de chez toi. Tu téléphones sur la route. Tu leur demandes des conseils, mais tu leur interdis de venir jusqu'ici, qu'ils viennent seulement lorsque je les appellerai. »

Les policiers tombent des nues, au téléphone, et annoncent leur arrivée immédiate.

« Non ! Pour quoi faire ? Qu'est-ce que vous allez faire ? supplie Pilar. Mon père ne veut surtout pas. Vous ne savez même pas de quelle machine il s'agit ! »

Ce qui est sûr, c'est que s'il ne s'agit pas d'une blague, les policiers de Siguenza vont se trouver devant cet engin comme une poule qui aurait trouvé un couteau. Il faut donc prévenir

Madrid. La direction générale de la police est tout aussi perplexe : personne n'a jamais entendu parler de ce genre de bombe. Comme Pilar a donné à la police le numéro de téléphone de l'amie chez laquelle elle s'est réfugiée, les policiers entrent de nouveau en rapport avec elle, et la pressent de questions :

« Est-ce que cette bombe fonctionne par radio ondes courtes ? C'est important, si les gangsters peuvent la faire exploser à distance, il ne faut pas, en effet, que la police entre en rapport avec votre père. Sinon, il n'y a aucun inconvénient à ce que nous allions voir de plus près cette machine. »

Mais la pauvre fille est incapable de leur donner les précisions qu'ils attendent, et avant de se précipiter, il faut d'abord trouver un artificier, et tenter de mettre la main sur l'un des gangsters.

Grâce aux descriptions de Pilar, la police établit un signalement des malfaiteurs qu'elle distribue dans toute l'Espagne. Puis elle entreprend de faire barrer les routes, surveiller les gares, les aéroports, les frontières.

C'est alors que l'un des policiers a l'idée d'interroger Interpol. Interpol en Espagne n'a jamais entendu parler d'une telle façon de procéder. Mais peut-être y a-t-il eu des cas semblables de par le monde. Alors, tandis que la direction générale de la police dépêche en toute hâte un spécialiste des explosifs à Siguenza, Interpol en Espagne fait diffuser par radio dans les zones 1 et 2 une demande de renseignements. Les vingt centres Interpol des vingt capitales des vingt pays de l'Europe de l'Ouest, y compris la Scandinavie, plus Belgrade et Bucarest, reçoivent le message : « Extrêmement urgent, une vie est en jeu. Connaissez-vous modus operandi suivant : bombe corporelle, placée sur le ventre d'une victime en vue de lui extorquer 500 millions de pesetas, doit exploser vingt-cinq jours plus tard et ne sera désamorcée qu'à la remise de l'argent. »

Pendant ce temps, seul dans sa somptueuse villa, d'où il a fait sortir la cuisinière et la gouvernante, le petit industriel de fer a décroché son téléphone pour appeler directement le directeur de sa banque à son domicile.

« Combien de temps vous faudrait-il pour rassembler 500 millions de pesetas en billets usagers et sans aucune marque de reconnaissance ?

— C'est une rançon ? demande le directeur.

— Ne vous occupez pas de ça. Combien de temps vous faut-il ?

— Vous n'avez pas ça sur votre compte.

— Je sais. Mais j'hypothèque ma maison de Madrid, ma villa de Siguenza et autre chose s'il le faut. Je signerai les papiers lorsque vous m'amènerez l'argent. Combien de temps vous faut-il ?

— Ça peut être fait lundi.

— Lundi, c'est long...

— La banque est fermée et c'est demain samedi.

— Oui, mais c'est tout de même long.

— Écoutez, je ne sais pas de quoi il s'agit, mais même si c'est pour une rançon les gens qui vous demandent une telle somme doivent comprendre que... »

Le petit industriel de fer ne le laisse pas continuer, d'une voix autoritaire et glaciale il dit :

« Ce n'est pas eux qui trouvent le temps long, c'est moi... Moi, parce que j'ai une bombe sur le ventre.

— Une bombe sur le ventre ? Vous avez prévenu la police ?

— Ne vous occupez pas de ça, quand m'amenez-vous cet argent, et les papiers prêts à être signés ?

— Demain après-midi, señor Ibanez, demain après-midi. » Et le directeur de la banque raccroche à toute vitesse comme si la bombe pouvait lui exploser dans l'oreille.

A l'appel lancé par Interpol de Madrid, les différents bureaux d'Interpol de la zone 1 et 2 commencent à répondre :

« Réponse à votre télégramme, modus operandi inconnu en Belgique... Modus operandi inconnu en Allemagne fédérale, pas même modus operandi similaire... »

De son côté, le chef du groupe spécialiste des agressions en tout genre ne trouve rien dans ses archives qui ressemble de près ou de loin à la bombe espagnole et le spécialiste maison des explosifs insiste :

« Vingt-cinq jours ce n'est pas possible, demandez plutôt s'il ne s'agit pas de vingt-cinq heures. »

A la direction générale de la police à Madrid, après avoir longuement discuté avec les spécialistes, on est définitivement convaincu que la bombe ne peut pas être allumée à distance. Il ne peut s'agir que d'un engin muni d'un système à retardement et d'un déclencheur quelconque destiné à empêcher que la victime puisse s'en débarrasser. Il n'y a donc aucune raison pour que le spécialiste des explosifs, qui est actuellement en route, n'entre pas directement en rapport avec le señor Ibanez. La police de Siguenza est donc avertie que dès son arrivée elle devra le conduire auprès de l'industriel. En attendant, elle doit établir une surveillance discrète autour de la villa. C'est le directeur général de la police lui-même qui doit prévenir par téléphone le petit industriel de fer de l'arrivée du technicien. Malheureusement la ligne est occupée.

En effet, pour le moment le señor Ibanez téléphone à son fils. Il lui explique la situation et lui demande de venir chercher, à tout hasard, ses dernières intentions testamentaires, qu'il vient de rédiger, signer et qu'il va poser sur les marches de marbre devant la porte.

Au secrétariat général d'Interpol, on vient de

faire procéder à une deuxième diffusion par radio et par télex, cette fois-ci dans le monde entier, pour savoir si oui ou non quelqu'un a connaissance d'une telle bombe et peut fournir un conseil ou un renseignement quelconque.

Cette question posée aux quatre coins du monde arrive au milieu du jour dans l'énorme building du F.B.I. de Washington, au milieu de la nuit chez les policiers d'Addis-Abeba, au petit matin à New Delhi, à midi dans les bureaux poussiéreux et surchauffés de Djakarta, tandis que la vie d'un petit industriel de fer, enfermé, seul, dans une somptueuse villa de la campagne espagnole, tient à un détonateur.

Le laboratoire de police scientifique, quai de l'Horloge à Paris, est formel :

« D'après les renseignements que vous nous donnez, la bombe devrait être un engin très compliqué et je doute qu'elle puisse être fabriquée par des amateurs.

— Mais rien ne dit que ce sont des amateurs !

— Si. Vous me dites que la bombe a été posée sur le ventre. Le ventre d'un vieillard de soixante-dix-sept ans, vous vous rendez compte ! Et elle explosera s'il essaie de s'en débarrasser ?

— Oui.

— Donc elle doit être munie d'un allumeur à relâchement, c'est-à-dire qu'elle explose lorsqu'on l'écarte du corps contre lequel elle est appuyée. Or, pour être sûr du fonctionnement correct d'un tel système, il faut qu'il prenne appui sur une surface rigide et plane, où ne se produit ni oscillation, ni vibration, ni mouvement brusque. Sur la poitrine à la rigueur on comprendrait. Ce serait peut-être encore possible sur le ventre musclé d'un athlète. Mais sur celui d'un vieillard de soixante-dix-sept ans, c'est impossible. A notre avis ce sont des amateurs et si ce sont des amateurs, ils n'ont pas pu fabriquer correctement un tel bijou. »

La voiture dans laquelle surgit le spécialiste espagnol des explosifs s'est à peine arrêtée devant la police de Siguenza que l'on fait signe au chauffeur de suivre un autre véhicule qui attend, déjà bourré de policiers, et la caravane part pour la villa du señor Ibanez.

« Essayez de passer la machine aux rayons X », suggère à tout hasard Interpol Paris, à Madrid.

Les voitures de la police s'arrêtent devant la villa, silencieuse, comme déserte. Les policiers mettent pied à terre. L'un d'eux gravit déjà les marches de marbre, lorsqu'une sourde explosion fait vibrer l'édifice. Au premier étage une fenêtre éclate brutalement et des morceaux de vitre tombent dans le jardin.

Les hommes ouvrent la porte, traversent le hall en courant, grimpent les escaliers. Il est trop tard.

Il s'agissait, en effet, d'une bombe munie d'un allumeur par relâchement. D'après les morceaux retrouvés, et notamment une coquille de plomb empêchant qu'elle puisse être examinée aux rayons X, il s'agissait bien d'un travail minutieux et presque professionnel. Alors que s'est-il passé ?

Le petit industriel de fer a-t-il essayé de la retirer lui-même ? On l'a retrouvé dans la salle de bain, le ventre ouvert, le bras gauche arraché ; mais peut-être, comme le craignaient les spécialistes, le petit industriel de fer avait-il le ventre trop mou ?

LA VÉRITABLE HISTOIRE
DU PETIT HOMME
A LA VOITURE EN OR

Tout est propre, pur, transparent, au soleil levant du printemps suisse. En cette année 1957, à Zurich, même les fumées sont roses. Trente inconnus se sont rendus à la convocation de leurs syndicats officieux dans le salon particulier d'un hôtel. Ils ont le teint du métal dont ils vivent : blanchâtre, jaunâtre, verdâtre : l'or. Ils ne représentent pas tout le trafic de l'or sur la terre, puisque le fichier d'Interpol dénombre, cette année-là, deux cent cinquante-neuf trafiquants d'or patentés, mais ils sont l'aile marchande de la profession. Leur problème : trouver de nouveaux débouchés depuis que le gouvernement français a libéré le marché du napoléon.

Le seul marché valable, c'est l'Inde et les pays du Sud-Est asiatique où le bénéfice est presque de 100 pour 100. En effet, acheté 525 000 anciens francs le kilo à Zurich, l'or est revendu 950 000 anciens francs à Bombay. Seulement il faut le passer, et les Indes sont loin. Le voyage coûte cher, il est long, représente beaucoup de frontières à franchir et beaucoup trop d'escales si l'on n'utilise pas l'avion.

Au début, ce fut un travail individuel : les trafiquants passaient une vingtaine de kilos chaque fois, ce qui leur laissait une marge d'environ 9 millions. Si l'on déduit 500 000 francs de voyage et 2 millions pour l'auto-assurance (car un jour les douaniers indiens deviendront méfiants), c'est une excellente affaire. Malheureusement, on ne peut pas faire cela toute sa vie, et les trafiquants sont maintenant tous plus ou moins connus. Il leur a donc fallu trouver des convoyeurs pour effectuer le transport, contre une prime d'environ 800 000 anciens francs. Mais ceci est un travail de gagne-petit.

Alors, un chef apparaît, c'est lui qui vient de convoquer les membres du syndicat. Il est grand, chanoine perclus de douleurs et d'ennui.

« Eh quoi, dit-il à ses confrères, nous n'allons pas porter le deuil du napoléon toute la vie ! Il faut organiser des coups, j'ai une idée. »

Dans un silence religieux, il expose son plan. Ces messieurs conviennent qu'il est valable. Mais il faut un homme pour le réaliser

« Cet homme, je l'ai, dit le chanoine. Qu'on aille chercher Szeivolinger dans le hall de l'hôtel. »

Szeivolinger ! Les hommes ont l'air dubitatif. Ils connaissent cet Henri Szeivolinger, un Polonais à passeport français, qui par sa constitution physique vient de s'assurer un record. Il est si maigre qu'en utilisant des costumes apparemment mal taillés il peut, entre peau et tissu, dissimuler 10 kilos d'or de plus que ses confrères, soit 30 au lieu de 20.

« Szeivolinger ! Vous croyez qu'on peut lui confier une telle mission ?

— Bien sûr ! Je lui ai fait faire je ne sais combien de fois le voyage de Johannesburg.

— Et vous êtes sûr qu'il n'est pas fiché ?

— Sûr ! Jamais repéré, jamais pris. Sauf un jour à Londres. Mais, cette fois, c'étaient des devises, et Interpol ne fiche pas un voyageur simplement parce qu'il porte des livres sterling dans ses doublures, croyez-moi, cet homme est vierge. »

Quelques instants plus tard, l'homme vierge, Henri Szeivolinger, impressionné, entre dans le salon particulier. C'est un personnage d'Hitchcock : un petit bonhomme aux cheveux bruns ondulés, à la moustache sensible, au teint légèrement verdâtre, avec un visage tout en longueur, vêtu de sombre, l'air bien raisonnable avec toutefois un rien de têtu.

Manifestement, c'est un homme qui prend les choses au sérieux, un peu trop peut-être.

Quand on fait ce métier, il faut sans doute un peu plus de fantaisie.

« Mon cher Henri, dit le chanoine d'un air grave, voici notre proposition. Nous allons vous fournir de quoi acheter une voiture et vous confier le maximum de lingots que vous pourrez y dissimuler. L'affaire n'est intéressante que si vous pouvez passer autour de 200 kilos. De quoi faire une centaine de millions de bénéfices[*]. Nous vous remettrons immédiatement un viatique de 400 000 anciens francs et de quoi payer le transport de la voiture depuis Gênes jusqu'aux Indes.

— Pourquoi Gênes ? demande le petit homme soi-disant vierge.

— Parce que c'est une compagnie de navigation italienne que nous avons choisie pour assurer le transport. Vous devrez livrer la cargaison, divisée en trois parties, à nos correspondants de Colombo, Bombay et New Delhi. Nous vous verserons cinq millions au départ et dix millions à l'arrivée. Êtes-vous d'accord ? »

Le petit homme vierge réfléchit et regarde autour de lui les trente graves messieurs du syndicat. Normalement, il devrait marchander pour obtenir un peu plus, mais, devant la mine renfrognée de certains, il est clair que l'importance de la rétribution ne fait pas l'unanimité. Alors, il se contente de demander :

[*] En 1957. Ce chiffre peut se multiplier par trois aujourd'hui.

« Les frais de voyage en plus, bien sûr.

— Bien sûr, frais de voyage en plus, et même...

— Et même quoi ? »

Le chanoine cligne de l'œil.

« Et même deux voyages. En effet, nous avons pensé qu'il valait mieux que vous ne voyagiez pas seul. Nous vous avons choisi une compagne. J'espère qu'elle vous plaira. »

Devant le petit Henri verdâtre et stupéfait, au point que ses yeux s'arrondissent et que sa pomme d'Adam monte et descend le long de son cou pour une déglutition difficile, le chanoine fait entrer Olga.

« Ma chère Olga, je vous présente Henri Szeivolinger. Henri, voici Olga Mélérique. »

Olga est une fille ravissante, grande et svelte, qui a tout juste vingt ans, l'air d'une jeune fille de bonne famille, les yeux noisette, les cheveux auburn, coupés court sur un front bronzé couleur de miel. Le chanoine, pour guetter les approbations, jette sur l'assistance un regard satisfait. C'est en effet très astucieux de sa part. La fille est tellement jolie que le petit homme vierge ne discutera plus les conditions. Non seulement il ne les discutera pas, mais, pour ne pas perdre la compagnie d'Olga, il consentira à tous les sacrifices. Enfin, Olga pourra le surveiller et renseigner le syndicat.

« Mes enfants, dit le chanoine, je vous demande de faire en sorte qu'à Gênes, lorsque vous monterez sur le bateau, vous n'ayez pas l'air d'être des étrangers. »

Puis le chanoine congédie gentiment le petit homme vierge en noir et la grande fille aux yeux noisette, il les regarde s'éloigner dans le couloir, la main levée pour un petit au revoir qui prend la forme d'une bénédiction.

Dans les jours qui suivent, l'application du plan ne traîne pas. Le syndicat achète 220 kilos d'or en barres à 520 000 francs le kilo. Puis le petit homme vierge, toujours sérieux, se procure une grosse voiture américaine rouge brique, une Dodge du modèle le plus lourd qu'il ait pu trouver, afin que la différence de poids ne soit pas trop sensible, et assez puissante pour transporter un tel chargement.

Dans une gerbe d'étincelles, un mécanicien dessoude les poutres creuses du châssis et, sous les yeux du petit homme vierge, introduit les 220 kilos de lingots. Après quoi le tout est ressoudé et soigneusement maquillé avec deux couches d'une peinture épaisse. Le syndicat fait ensuite convoyer la voiture jusqu'à Gênes, tandis que le petit homme vierge passe régler quelques affaires à Paris où il prévient ses amis :

« Je pars en vacances, ne m'attendez pas avant deux mois, je fais un long voyage. »

A Gênes, il retrouve Olga, resplendissante dans un tailleur de soie sauvage à la jupe ultra-courte. Le chanoine, qui devant l'importance de l'événement n'a pas hésité à traîner ses 120 kilos de Zurich à la Méditerranée, est là pour leur souhaiter bon voyage.

« Et mes 5 millions, demande le petit homme vierge, qui se sent tout ragaillari au bvas d'Olga.

— Vos 5 millions, les voici, et le chanoine lui montre un chèque.

— Mais c'est un chèque, je ne peux plus toucher un chèque maintenant.

— C'est vrai, mais de toute façon vous n'alliez pas voyager avec 5 millions liquides. D'ailleurs, j'avais l'intention de vous proposer de les investir dans une affaire merveilleuse : des presse-papiers en or achetés en Afrique du Sud, expédiés à Tanger, transformés en fils d'or de 5 millimètres d'épaisseur, puis réexpédiés via la Suisse au Liban où les fils seront fondus sous forme de « reine Victoria » et de « napoléons »... C'est du 100 p. 100, est-ce que ça vous intéresse ? »

Le petit homme vierge n'est pas follement intéressé. Il se tourne vers Olga. Il pense qu'il peut faire confiance à la jeune fille. Ils se sont rencontrés trois ou quatre fois, elle lui a paru spontanée, franche et prête à l'aider. Elle lui a même conseillé de prendre un bénéfice sur l'achat de la Dodge, ce qu'il a fait. En riant, elle lui a dit : « Tous les deux, il faut former un syndicat des employés du syndicat, sinon ils prendront tout et ne nous laisseront rien. » Olga demande maintenant au chanoine :

« Vous me donnez votre parole que c'est une affaire sérieuse ?

— Vous avez ma parole.

— Que ce ne sera pas trop long ?

— Deux mois, pas plus, à votre retour des Indes, les 5 millions seront devenus 10 millions.

— Alors, Henri, il faut accepter », dit Olga.

Et c'est la merveilleuse croisière du petit homme vierge et d'Olga sur un bateau italien tout blanc. Apparemment, leur complicité s'est vite transformée en amitié et l'amitié en affection. Le petit homme qui prend les choses tellement au sérieux ne lui a fait aucune proposition malhonnête, mais il déploie une grande ingéniosité pour la distraire, pour lui faire cent petits cadeaux, dont la naïveté ne peut pas laisser la jeune fille indifférente. De telles attentions venant d'un être aussi simple devraient susciter des réserves, mais, au lieu de cela, enjouée, ravie, Olga laisse faire. A tel point que son compagnon commence à se demander si une grande différence d'âge est un obstacle pour une union valable. Il doit penser que lorsqu'il aura mis ses millions à la banque il pourra faire une demande en mariage en bonne et due forme.

Enfin, ils débarquent à Colombo, et, devant leurs regards satisfaits, les quatre roues de la grosse Dodge rouge brique et ses 220 kilos d'or se posent sur le quai. Le petit homme est au bras d'Olga, son passeport en règle, son viatique de 400 000 francs en poche, il se sent léger comme un vrai touriste. Tout lui sourit, même les douaniers aux yeux noirs. Bras dessus, bras dessous, ils achètent quelques vêtements légers et passent à la poste centrale. Mais c'est là le tournant de l'affaire. Un télégramme l'attend : « Colis fils de chanvre détériorés pendant voyage. Stop. Associés partagent les pertes avec vous. »

Si l'on en croit ce message, l'affaire des presse-papiers est un fiasco. Le petit homme vierge tourne et retourne le télégramme. Puis il se décide à le montrer à Olga. Celle-ci paraît consternée.

« Mon pauvre Henri, ce n'est vraiment pas de chance.

— En effet, ce n'est pas de chance », murmure le petit homme vierge.

Et il regarde Olga. Il attendait d'elle une explosion de colère, voire d'indignation. Car le véritable sens de ce message n'est pas celui auquel la jeune fille fait semblant de croire... Il comprend qu'Olga n'est pas encore vraiment de son côté, que décidément, on ne peut se fier à personne, qu'il vaut mieux dans ces conditions dissimuler ses propres sentiments. Car lui, il n'est pas dupe ; décodé, le message veut dire : « On t'a roulé, tiens-toi tranquille. Tu as encore 10 millions à toucher ! »

Le petit homme vierge est choqué autant par la méthode que par le fait lui-même. Lui qui prend tellement les choses au sérieux, comment pourrait-il admettre une telle désinvolture ?

Alors il regarde longuement Olga en souriant. C'est qu'il a encore des atouts, il en a même 220, 220 kilos d'or. C'est certainement plus qu'il n'en faut pour acheter le silence de la jeune fille.

Ce qui est curieux dans cette histoire, c'est que le chanoine prend le petit homme vierge pour un imbécile, lequel a pris Olga pour une bécasse, laquelle prend le petit homme vierge pour un naïf, lequel prend le chanoine pour un crétin. Ce qui va tout simplement les conduire à une situation inextricable.

D'abord Olga a compris qu'elle a fait une fausse manœuvre et que le petit homme vierge ne lui fait plus confiance. Il n'a pas accepté, comme on pouvait l'espérer, la filouterie du syndicat. Bref, il faut se méfier de lui. Le petit homme, de son côté, lorsqu'il entre en rapport avec les correspondants du syndicat à Colombo, Bombay et New Delhi, est tout surpris que ceux-ci lui refusent la marchandise.

C'est qu'Olga ayant prévenu le syndicat, le chanoine est entré dans une colère terrible.

« Le petit salaud ! La petite ordure ! Il va me le payer cher. »

Ce à quoi les gens du syndicat lui ont fait remarquer que pour le moment c'était le convoyeur qui tenait le bon bout : l'équivalent d'un demi-milliard de centimes de nos jours.

« Rien du tout ! Pour le moment, il n'a rien du tout ! Je vais télégraphier à nos correspondants. Ils ne lui achèteront rien. »

Le chanoine va même plus loin, il fait mieux encore. Lorsqu'on lui a fait remarquer que, si les correspondants du syndicat aux Indes sont disciplinés, l'or du petit homme finira bien par trouver un autre acquéreur, il annonce :

« Non. J'ai une idée. Je vais partir aux Indes avec deux hommes sûrs. Deux professionnels. Ce qu'il faut, c'est qu'avant mon arrivée il ne puisse pas toucher à la marchandise.

— D'accord, mais comment faire ?

— Nous allons porter plainte contre lui pour un motif quelconque et le faire rechercher par Interpol.

— Mais c'est de la folie ! Et notre or ? Que va devenir notre or ?

— Notre or ne risque rien. C'est l'homme qu'Interpol va ficher, c'est l'homme que la police indienne va surveiller. Personne n'aura l'idée de chercher dans les longerons du châssis. Mais lui aussi ne pourra plus y toucher. Vous avez une meilleure idée ?... Non ? Alors, exécution ! »

Pour le petit homme vierge et pour Olga, l'Inde est devenue l'enfer. Ils courent les routes de l'immense pays dans l'énorme voiture suspendue sur ses 220 kilos d'or. Mais, dès la première étape, la police indienne a fouillé la voiture, le petit homme vierge lui-même a dévisagé Olga avec méfiance.

C'est que le secrétariat général d'Interpol à Paris, à la demande de Zurich, a fait procéder à une diffusion verte pour que les polices locales surveillent de près le trafiquant d'or nommé Henri Szeivolinger. Résultat, en 6 000 kilomètres, soixante perquisitions !

Le petit homme vierge et Olga sont épiés nuit et jour. Chaque fois qu'ils entrent en rapport avec un orfèvre, un bijoutier, un commerçant ou un trafiquant quelconque, l'étau se resserre. Pas question, dans ces conditions, de toucher à la voiture pour ouvrir les longerons au chalumeau.

Enfin, le 25 octobre, après une course poursuite mouvementée le long de la côte du Coromandel, le petit homme vierge n'a plus de quoi acheter de l'essence, et le chanoine, accompagné de deux gaillards glacés qui mâchent du chewing-gum, passe la tête par la portière de la voiture suiveuse.

Son costume d'alpaga est tout froissé, il ruisselle de sueur, son sourire est plus que jamais une horrible grimace.

« Fini de rire, dit-il, nous venons récupérer ce qui nous appartient. »

Le 3 novembre, à Calcutta, la voiture est une fois de plus chargée à bord d'un bateau, et cette fois à destination de Gênes. Le chanoine et ses hommes de main prennent les cabines de chaque côté de celle du petit homme vierge. Pour le syndicat, l'affaire est close.

Mais le petit homme est terriblement têtu ;

une heure avant le départ du bateau, il parvient à faire remettre la voiture sur le quai pratiquement au nez et à la barbe du chanoine et de ses deux acolytes qui, publiquement, ne peuvent rien faire. Comment obliger un passager propriétaire d'une voiture à partir s'il n'en a pas envie ? Lorsque le navire italien s'en va, le petit homme vierge fait charger la voiture sur un bateau britannique qui part pour l'Angleterre, où il la récupère un mois plus tard, après être rentré lui-même en avion. Il a battu le syndicat, provisoirement.

Quelque temps plus tard, le petit homme dépose à la réception d'un hôtel suédois sa clef numérotée. Il plaque ses mains maigres dans les poches de son pardessus, répond d'un bref hochement de tête au salut du portier et s'engouffre dans la rue où le givre lustre ses cheveux ondulés. Dans la nuit suédoise, qui ruisselle de lumière, au milieu d'une foule anonyme, il descend les Champs-Élysées de Göteborg, ville de trois cent mille habitants. Des sapins illuminés, des guirlandes tendues de part et d'autre des voies commerçantes proclament que ce 4 décembre est déjà le temps du père Noël. Mais le petit homme vierge ne croit plus au père Noël.

Pourquoi Göteborg ? Pour être moins à la merci du syndicat avec lequel il a décidé de négocier un compromis. Il a droit au port. Dans la forêt des mâts et des cheminées illuminées de projecteurs, il cherche le paquebot

« Britania » en provenance de Londres. Pour lui, ce bateau est un galion chargé d'or.

C'est la retraite, le confort, la fin de la médiocrité, et surtout la fin de la peur.

Le petit homme vierge regarde son carrosse rouge brique immatriculé 9084 GN 75 se balancer sous le bras d'une grue géante. Alors, il regagne son hôtel, rassuré et angoissé tout à la fois.

Dans le hall, le chanoine et ses acolytes l'attendent. Cette fois, les acolytes sont quatre. Ils ne mâchent pas de chewing-gum, mais sont tous patibulaires et glacés. Le diable sait d'où ils viennent.

« Elle est là ? demande le chanoine.

— Oui, elle est arrivée. »

Le chanoine devient jovial.

« Alors, tandis que ces messieurs vont aller la surveiller à la douane, allons dans votre chambre et causons. »

Dans la chambre, les deux hommes discutent ferme : sans l'accord du petit homme, le syndicat ne pourra pas récupérer la voiture. Mais le petit homme n'a pas un sou pour la dédouaner.

Après vingt minutes de discussion, on frappe à la porte, et on insiste. Deux colosses en gabardine bleu de nuit, visage rose, regard dur sous le bonnet de police à double galon, s'encadrent brutalement dans la porte :

« Suivez-nous ! »

Avec la police spéciale de la douane suédoise, il n'y a pas à ergoter. Mais le petit homme vierge sait ramper devant les douanes et les polices. Il ajuste ses vêtements fripés et suit les deux hommes jusqu'à l'immeuble de brique grise de la douane centrale au bout du fleuve. Au premier étage, ils entrent dans le bureau du directeur chauve et bourru.

« Je vous dis tout de suite, qu'on ne me raconte pas d'histoires, dit le douanier. Je voudrais vous demander des renseignements sur votre voiture, que quatre énergumènes surveillaient avec tant d'attention que ça nous a mis la puce à l'oreille. Qu'est-ce qu'elle fait là ?

— Je l'ai expédiée de Londres, et je désire l'amener à Hambourg.

— Vous me racontez des histoires. Cette Dodge a été embarquée à Calcutta au début de novembre. Elle a parcouru 12 000 kilomètres en mer et 9 700 au compteur. Je croyais que les voitures c'était fait pour rouler plutôt que pour naviguer. Mais je dois me tromper. Une dernière question, monsieur, qu'est-ce que cette chaussure de femme, que mes inspecteurs ont trouvée sous la banquette ? »

Le douanier sourit de ses yeux bleus, car l'escarpin est bien tourné et la cheville devait être délicate.

« C'était la chaussure d'une amie qui m'accompagnait aux Indes, répond le petit homme vierge, sans tressaillir.

— Et ça, monsieur ? »

Le douanier vient d'ouvrir une boîte oblongue et d'en sortir trois vrilles très fines. La pointe des vrilles brille de poudre d'or. Le petit homme vierge verdit.

Quand on étale devant lui les vingt-huit paquets d'or, 220 kilos en lingots, reliés entre eux comme des cervelas, il comprend : pour lui comme pour le syndicat, tout est fini. La voiture en or a terminé son voyage extraordinaire. Et lui aussi.

LA GIRL EN PYJAMA JAPONAIS

Depuis quelques secondes, le paysan ne peut détacher ses yeux d'un objet aux couleurs vives qu'il distingue mal à travers la pluie qui tombe depuis trois jours. Le paysan marche derrière ses moutons sur la route d'Albury, une petite ville à 300 kilomètres de Melbourne et 650 kilomètres de Sydney. Dans ce pays triste, les petites fermes des éleveurs sont plantées tous les dix ou vingt kilomètres le long de la route qui traverse en ligne droite une plaine infinie. Enfin, le paysan se penche sur des chiffons colorés, tassés dans le canal d'écoulement d'une ancienne tuilerie. C'est un pyjama d'homme, oriental, à moitié consumé par le feu, et qui recouvre le corps très abîmé d'une jeune femme. Le cadavre a été enveloppé dans un sac de jute auquel on a mis le feu, sans doute pour le rendre méconnaissable. Tout en faisant la grimace, le paysan constate qu'une partie du corps a été préservée par le feu et que la moitié du visage de cette femme est encore identifiable.

A neuf heures du matin, la police australienne ouvre donc ce dossier, qui ne sera refermé que vingt années plus tard, en 1958. Pendant vingt ans, le mystère de la « girl en pyjama japonais » restera quasi total.

Donc la police commence son enquête le 1er septembre 1938. Le premier examen des lieux, l'état et la position du cadavre permettent de supposer que le meurtrier a été dérangé pendant son funeste travail. L'autopsie établit que la femme a été tuée d'un coup de feu tiré dans la tête par une arme de petit calibre. La femme mesurait 1,70 m et devait avoir de vingt-cinq à trente ans, et, dit encore le rapport : des membres gracieux et bien proportionnés.

Un professeur d'université l'examine attentivement, centimètre par centimètre : taches de rousseur, vaccinations et cicatrices d'opération. Toutes les inégalités de la peau y passent, mais gardent leur mystère.

La presse australienne publie en long et en large les informations relatives à l'assassinat, et, bien entendu, toutes les personnes ayant fait déposer des demandes de recherche à la suite de la disparition de parents ou d'amis sont invitées à reconnaître le cadavre soit directement à la morgue de Melbourne, soit sur présentation de photographies.

Cette année 1938, sur les cinquante-six personnes disparues en Australie, on compte vingt-deux femmes de vingt à trente ans. Il arrive que leurs parents, amis ou mari croient les reconnaître dans le cadavre, mais sans aucune preuve formelle, le feu ayant détruit une trop grande partie du corps. Une infirmière, notamment, s'évanouit dans la salle de la morgue. Elle reconnaît formellement sa fille, puis, quelques jours plus tard, détaillant des photographies, elle revient sur son affirmation, sa fille avait une tout autre bouche que celle du cadavre.

Alors, le champ des recherches s'étend. Interpol est prié de diffuser une demande de renseignements dans tous les pays affiliés. Ce qui a pour effet d'amener la presse mondiale à reproduire photographies et articles sur cette affaire qui devient mondialement célèbre sous le titre : « Le mystère de la girl en pyjama japonais. »

Deux années s'écoulent, pendant lesquelles des trésors d'ingéniosité sont déployés pour conserver le corps grâce au froid et aux produits chimiques. Enfin, la police ayant épuisé tous ses moyens, le droit d'inhumer est accordé et le dossier provisoirement refermé sur les cinq cents témoignages et procès-verbaux qu'il contient. Il ne reste qu'à attendre le hasard, dont tout criminalogiste sait qu'avec le temps il perce tous les secrets. Ce hasard débute par un coup de téléphone, en décembre 1940.

« Allô, monsieur Paul Chiampi ?
— Lui-même.
— Ici madame Bart. J'habite Sydney, mais je suis de passage à Melbourne. »

Mme Bart est une bonne femme bavarde et entreprenante. Paul Chiampi est correspondant d'un journal italien en Australie. C'est un homme intègre, raide comme s'il avait avalé un parapluie et enduit d'un humour glacé. Toutefois, Mme Bart a l'impression que cet humour s'est envolé.

« Que puis-je faire pour vous ? demande-t-il simplement.
— Vous vous souvenez de moi ? Nous nous sommes vus à votre mariage.
— Oui, je me souviens parfaitement... Vous voulez parler à ma femme je suppose ?
— Oui, est-ce qu'elle est là ?
— Non. Elle est absente cet après-midi. Voulez-vous lui laisser un message ?
— Oui, vous lui direz que j'attends de ses nouvelles. Vous comprenez, monsieur, autrefois, elle m'écrivait et venait me voir à Sydney au moins une fois par an. Depuis deux ans, plus rien. Elle ne vous a jamais parlé de moi ?
— Si. Vous étiez coiffeuse, je crois, dans le même salon à Sydney ?

— C'est ça... Je ne comprends pas, nous étions restées en bonnes relations.
— C'est bizarre.
— Qu'est-ce qui est bizarre ?
— C'est bizarre qu'elle ne vous ait pas rendu visite. Elle retourne tous les ans à Sydney et me raconte chaque fois qu'elle vous a vue.
— Ah ! »
Et Mme Bart, plus vexée que méfiante, conclut :
« Eh bien, j'espère qu'elle va bien. N'en parlons plus. »
Deux ans plus tard, en 1942, Mme Bart et son mari mangent une glace dans un café de Melbourne. A la table voisine, Mme Bart aperçoit un homme brun, élégant, maigre et raide comme s'il avait avalé un parapluie et se jette sur lui avec gourmandise.
« Hello ! Mister Chiampi ! Est-ce que Linda me fuit toujours ? Je me demande d'ailleurs pourquoi. J'y ai bien souvent pensé. Vraiment, je ne comprends pas sa conduite... Comment allez-vous ? »
Paul Chiampi regarde alors Mme Bart droit dans les yeux.
« Hélas ! madame Bart, je suis le dernier à pouvoir vous renseigner, Linda m'a quitté. Ça s'est passé peu de temps après votre coup de fil. Moi non plus, elle ne voulait plus me voir. »
Il parle d'une voix basse, et Mme Bart a

l'impression que ses yeux gris et froids expriment un chagrin sincère.

« Mais vous avez quand même de ses nouvelles ?

— Non, et je ne sais même pas où elle est. »

Mme Bart est suffoquée.

« Ça alors ! Est-ce que vous avez essayé de la retrouver ?

— Oui, mais sans résultat. Je suppose qu'elle doit travailler à Sydney et qu'elle a dû reprendre son ancien métier. »

Mme Bart, qui ne veut pas retourner le couteau dans la plaie de ce malheureux garçon, ne poursuit pas la conversation. Mais elle n'est pas sitôt sortie du café qu'elle traîne son mari à la police.

« Tu comprends, dit-elle, ce n'est pas normal. Je ne comprends pas qu'elle me laisse tomber, surtout si elle est à Sydney. »

Il est impossible de décrire les policiers qui rendent visite quelques jours plus tard au journaliste Paul Chiampi. Plusieurs générations de policiers se sont relayées sur cette affaire qui a duré si longtemps, et durera encore si longtemps. Par contre, le journaliste est toujours aussi digne, sévère et semble toujours digérer son parapluie.

« Pouvez-vous nous raconter dans quelles circonstances votre femme vous a quitté ?

— Oui. Depuis quelque temps, nous nous disputions fréquemment. A l'issue d'une nuit

agitée, elle s'est levée au petit matin sans que je m'en aperçoive, et elle est partie.
— Il y a combien de temps ?
— Trois ans.
— Veuillez nous excuser de cette macabre présentation, mais nous y sommes obligés. »
Les policiers sortent d'une serviette les photos du cadavre de la girl en pyjama.
« Est-ce que, par hasard, vous reconnaîtriez votre femme ?
— J'espère que non... »
Le journaliste blêmit en examinant les horribles photos.
« Non, ce n'est pas elle.
— Votre femme n'a pas de famille ?
— Si, sa mère qui vit à Londres. Elle s'est étonnée que Linda ne lui ait pas écrit depuis 1938.
— Et alors ?
— Et alors, je lui ai dit qu'elle m'avait quitté. Que pouvais-je faire d'autre ?
— Pourquoi n'avez-vous pas demandé le divorce ?
— J'aime Linda, je suis convaincu qu'elle reviendra un jour, même si c'est idiot. »
La police n'en reste pas là et visite tous les amis du journaliste en leur montrant les horribles photos de la girl en pyjama. Aucun ne peut affirmer que ce n'est pas elle, mais aucun ne la reconnaît formellement. L'un d'eux, toutefois, après avoir fait un long effort pour se souvenir, paraît embarrassé.

« Écoutez, dit-il, ça n'a peut-être aucun rapport, mais je me souviens d'un détail que je n'ai pas le droit de passer sous silence. Je m'en souviens parce que c'était l'anniversaire de Paul. Je l'ai vu arriver blanc comme un linge, l'air fatigué, avec une bosse sur la tête et la main — je crois bien que c'était la droite — entourée d'un bandage. Je lui ai dit : « Dis donc, « ton anniversaire, cette nuit... ça a été homéri- « que ! Il faut être ivre mort pour se mettre « dans un état pareil. » Il m'a répondu qu'il s'était blessé à la portière de sa voiture. »

Les policiers font aussitôt le rapprochement :

« Son anniversaire, c'est le 30 août, et le lendemain on retrouvait le cadavre de la girl en pyjama... »

Dès cet instant, l'enfer commence pour le journaliste Paul Chiampi. Le médecin légiste déclare que les cicatrices qu'il porte à la main ont été produites par des brûlures. Il est sûr de lui, bien que quatre années se soient écoulées.

On établit ensuite qu'il possédait à l'époque un revolver de même calibre que celui qui a tué la girl eu pyjama. Alors, pendant deux années de prison préventive, on le harcèle sur tous les tons, pour qu'il avoue, qu'il soulage sa conscience, qu'il reconnaisse avoir assassiné sa femme Linda.

« Je ne l'ai pas tuée, répète-t-il inlassablement. Je ne sais pas où elle est, cherchez-la. »

Au bout de ces deux années de prison, donc en 1944, faute de pouvoir démontrer que le cadavre de la girl en pyjama japonais est bien celui de sa femme, on doit le relâcher. Mais pour tous, pour la police et les journalistes comme pour le public, Paul Chiampi est l'assassin de sa femme. Non seulement il est ruiné, mais il ne trouve plus de travail, du nord au sud et de l'est à l'ouest de l'Australie, qui est pourtant un immense pays aux provinces très éloignées les unes des autres. Aussi il s'expatrie. Mais, dans tous les pays anglophones où il cherche à s'établir, sa réputation le précède. Il traîne une existence lamentable d'homme fini.

Un jour de novembre 1956, donc dix-huit années après la découverte du cadavre de la girl en pyjama, un docteur est appelé au chevet d'un éleveur de bétail, dans une petite ferme non loin d'Albury, c'est-à-dire à quelques kilomètres du lieu de la sinistre découverte. Le docteur roule sur un chemin caillouteux, soulevant un nuage de poussière vite emporté par le vent qui souffle très fort ce jour-là, secouant les arbres et faisant battre les volets de l'affreuse bicoque devant laquelle il s'arrête. Ici, malgré le vent, tout sent le mouton. Mais le docteur y est habitué : l'élevage du mouton est la principale activité des paysans de la région.

L'éleveur qu'il trouve allongé dans une chambre obscure a quatre-vingt-trois ans.

Il tourne vers lui un visage de mourant. Sa voix est à peine audible, et c'est tout juste si on la distingue dans les sifflements du vent à travers les fentes des cloisons de bois.

« C'est la fin, n'est-ce pas docteur ? »

Le toubib, constatant qu'il vient d'avoir une attaque, et vu son grand âge, pense en effet qu'il n'a que quelques heures à vivre.

« Vous n'avez pas besoin de me le dire, dit le vieillard, je le sais. Alors il faut que je vous raconte quelque chose. »

Sa femme, rabougrie sous un énorme chignon blanc, veut l'empêcher de parler. Mais le vieillard a la force de protester.

« Toi, tais-toi. Docteur, faites-la sortir. C'est ma conscience qui parle. »

Une fois son épouse éloignée, le vieux paysan murmure sa confession :

« Voilà docteur, ça s'est passé le soir du 29 août 1938. Il faisait à peu près le même temps qu'aujourd'hui, mais avec la pluie en plus. Tout à coup, on a frappé à la fenêtre. C'était une jeune femme qui venait de Melbourne en auto-stop. Elle voulait aller à Sydney, à 300 kilomètres. Il faisait nuit, et elle était trempée jusqu'aux os. Elle m'a demandé s'il y avait quelqu'un dans la région pour la conduire, mais il n'y avait personne. Alors ma femme lui a fait du thé et lui a donné des vêtements secs. Elle nous a dit son nom et nous a raconté sa vie.

— Vous ne croyez pas qu'il vaudrait mieux en parler à la police ?

— Non, non, je n'aurais pas le temps. Vous avez compris, je suis sûr. Cette femme s'appelait Linda Chiampi, elle venait de quitter son mari sur un coup de tête après sept ans de mariage. Elle hésitait à retourner chez elle ou à reprendre son métier de coiffeuse à Sydney. On l'a gardée pour la nuit.

« Le lendemain matin, au lever du soleil, je suis parti avec ma femme pour le marché aux bestiaux d'Albury. Quand on est revenu, vers dix heures, on a vu la voiture de notre fils Bill arrêtée devant la maison. Il était de retour de Sydney, où il avait travaillé pendant trois jours à l'abattoir. On avait déjà eu des tas d'ennuis avec lui. Deux fois condamné pour vol... Quand je suis rentré, Bill était assis, les bras ballants, l'air d'un imbécile, et il m'a montré la femme allongée par terre, elle était morte. « Elle dor« mait, qu'il m'a dit. J'ai seulement voulu fouil« ler son sac. Elle s'est réveillée et elle a crié. « J'ai voulu la faire taire, elle s'est accrochée « à moi, alors j'avais mon revolver et je l'ai « tuée. »

— Tu n'aurais pas dû le dire, murmure la vieille femme qui se tient terrée dans un coin de la chambre.

— Il faut bien que quelqu'un parle, pourtant. C'est pas toi qui le feras. C'est pas lui non plus. Alors c'est moi ! D'ailleurs, c'est moi qui ai tout fait exprès. J'ai remis à la pauvre femme les vêtements qu'elle avait en arrivant. Je l'ai chargée dans la voiture et je l'ai balancée dans le canal d'écoulement de la tuilerie. Puis j'ai jeté mon fils à la porte et je ne l'ai jamais revu. J'ai le droit de parler. Moi seul ai le droit de parler maintenant que je vais mourir. »

Lorsque, le vieillard venant d'expirer, le docteur rapporte sa déclaration à la police, les policiers lui demandent immédiatement :

« Mais l'essence ? le feu ? la femme a été retrouvée brûlée... Il ne vous a rien dit à ce sujet ?

— Non. »

Bill le fils est interpellé par la police dans une ferme du Nord, où, marié et père de deux enfants, il est devenu régisseur. Stupéfait, désemparé que la vérité se fasse jour après tant d'années, il confirme cependant la déclaration de son père.

« Mais l'essence ? le feu ? lui demandent les policiers.

— Mon père n'a pas emmené d'essence et ne l'a pas brûlée. J'en suis sûr, il me l'aurait dit. Et on a été très étonnés de lire ça dans les journaux. »

Le secrétariat général d'Interpol fait alors diffuser dans tous les pays affiliés une demande de recherche pour Paul Chiampi. Il est retrouvé dans un journal de Milan, en Italie, où il tient modestement une petite rubrique des spectacles. Lorsqu'il apprend que le meurtrier de sa femme vient d'avouer son crime, il a un étrange soupir de tristesse et de soulagement. Et il se met à parler. A parler enfin, alors qu'il s'est tu pendant des années.

« Lorsque Linda m'a quitté, j'étais très malheureux et j'ai passé une matinée agitée. Finalement, j'ai sauté dans ma voiture pour me rendre à Sydney. Sachant que ma femme faisait de l'auto-stop, j'espérais la rencontrer sur la route. En arrivant près d'Albury, il pleuvait à verse, pas la moindre habitation, et tout à coup j'ai ressenti une terrible frayeur en apercevant près d'un petit pont le corps d'une femme.

« Quand je suis descendu de voiture, je savais que c'était Linda, car elle portait le pyjama que je lui avais rapporté d'un voyage au Japon. Dans sa colère, elle avait fait ses bagages n'importe comment et enfilé n'importe quoi. J'ai tout de suite vu qu'elle avait été tuée d'une balle de revolver dans la tête. J'ai d'abord voulu emporter son corps. Mais, en la prenant dans mes bras, j'ai compris ce qui allait se passer. Moi aussi j'avais un revolver, ce n'était un secret pour personne. Qui croirait mon histoire ? J'étais condamné d'avance. J'avais beau réfléchir, ça me paraissait de plus en plus évident. A moins que le véritable criminel ne soit découvert, mais la police ne le chercherait même pas. Alors, dans mon affolement, j'ai pensé que le seul moyen c'était de rendre son corps méconnaissable. Voilà pourquoi je l'ai enveloppée dans un vieux sac, arrosée d'essence et brûlée. Et pendant vingt ans, avouer cela, c'était faire identifier Linda, et identifier Linda, c'était me condamner. Alors je n'ai rien dit, jamais. »

En novembre 1958, à Melbourne, Bill fut condamné à la réclusion à vie. Paul Chiampi fut condamné à dix livres d'amende pour... avoir détruit « une pièce à conviction de la police » et enfreint la réglementation sur l'inhumation des personnes décédées. Il restait à le réhabiliter, formalité qu'il a accueillie sans enthousiasme. Puis il s'en est allé du tribunal sans saluer personne. Depuis le jour où il était parti à la recherche de la femme qu'il aimait pour ne retrouver que son cadavre et se voir contraint de le faire brûler, sa vie n'était plus qu'une longue patience.

LES SERPENTS
QUI CRACHAIENT DU FEU

C'EST la première fois que Roger Sauvan, cinquante-sept ans, magasinier depuis trente ans dans une usine de la région parisienne, arrive à Londres. C'est la première fois qu'il entre dans une morgue. C'est la première fois qu'il revoit sa fille depuis deux ans. Il ne la reconnaît pas.

L'inspecteur-chef Bailey, de Scotland Yard, est en face de lui, de l'autre côté du cadavre. Dans un français hésitant, il demande :

« Vous êtes sûr que ce n'est pas votre fille ? »

Roger Sauvan contemple le visage glacé découvert par le drap. Des cheveux blonds crêpés, un maquillage noir autour des yeux, avec du vert doré sur les paupières... Pourtant, c'est bien le nez et la bouche de sa mère. D'une voix sourde, il répond :

« Si... maintenant je la reconnais... Excusez-moi. Quand elle nous a quittés, elle avait les cheveux bruns et courts, elle n'était pas maquillée. C'est bien ma fille, malheureusement... Comment est-elle morte, monsieur ?... »

L'inspecteur Bailey regarde un instant, avec pitié, ce père de famille désemparé, débarqué à Londres un matin lugubre pour venir reconnaître le cadavre de sa fille.

Sa fille, qui l'a quitté il y a deux ans à la sortie du lycée, en lui disant qu'elle allait travailler comme jeune fille au pair. Comment lui dire ce qu'elle était devenue en deux ans ? Comment lui dire ce qu'a été sa triste fin ?

L'inspecteur fait signe à l'employé de la morgue de rabattre le drap et dit d'une voix un peu bourrue :

« Venez, monsieur Sauvan. Ne restons pas là. Je suppose que vous voulez faire rapatrier le corps ? »

Le petit Français, fatigué, un peu chauve, répond d'un air désemparé :

« Oui, je pense que c'est mieux. Mais il doit y avoir des formalités... »

Une larme apparaît au coin de ses yeux : une larme d'homme, discrète, qu'il est honteux de ne pouvoir retenir. Il l'essuie rapidement du doigt et dit d'une voix enrouée :

« Vous savez, monsieur. Elle avait son baccalauréat. »

Les deux hommes sont maintenant ressortis

de la morgue. L'inspecteur saisit le bras du Français et se décide :

« Monsieur Sauvan, votre fille a été assassinée dans son lit, à coups de poing. Elle a aussi été étranglée. Mais elle était déjà morte. »

Cela fait, il entraîne le pauvre homme jusqu'au bar le plus proche, car il a vacillé sous le choc.

Danièle Sauvan, Française, dix-neuf ans, est donc trouvée morte par sa logeuse, le 21 septembre 1967, dans le studio qu'elle occupe à Londres depuis deux ans. Elle est étendue sur son divan, vêtue d'une de ces chemises courtes qu'on appelle alors des « nuisettes ». Elle porte des marques de stangulation sur le cou : une marque de pouce, très nette, près de la carotide. Elle a aussi reçu des coups sur le visage. Apparemment, des coups de poing. Aucune arme n'est retrouvée, dans le petit studio, qui aurait pu servir d'arme du crime, et le médecin légiste pense que les coups de poing, à eux seuls, ont suffi à la tuer.

Ce qui frappe immédiatement les policiers anglais, ce sont les lettres et les photographies éparpillées sur le divan autour du cadavre... Un véritable monceau. Il y a là plus de deux cents lettres et une bonne soixantaine de photographies ! Toutes les lettres ont été écrites par des hommes, de deux catégories sociales bien distinctes : les uns paraissent être des « bourgeois », des hommes d'un certain âge, cultivés. Les autres manifestement des jeunes gens « dans le vent », employant des expressions à la mode, en milieu hippy. Certaines lettres sont écrites en français, bien qu'ayant été postées à Londres. Quant aux photographies, elles représentent toutes la victime. Danièle Sauvan, devenue Dany à Londres, a complaisamment posé dans les tenues de ce style « Carnaby Street », qui fait alors fureur : la minijupe en étant l'élément principal. Elle a aussi posé dans des tenues plus légères encore.

L'inspecteur Bailey n'est guère aidé par toutes ces lettres d'admirateurs, que l'on pourrait appeler pudiquement des lettres d'amour, bien que tout romantisme en soit absent. Toutes sont signées de prénoms différents, aucune enveloppe ne comporte le nom de l'expéditeur, encore moins l'adresse.

Pourtant, le policier a un moment d'espoir quand il trouve, tombé derrière le canapé, le carnet d'adresses de Dany. Malheureusement, il comporte plus de deux cents noms. En majorité des hommes, avec leurs numéros de téléphone. En admettant que l'assassin soit parmi eux, autant chercher une aiguille dans une botte de foin. Il va falloir pourtant se résoudre à repérer les adresses correspondant à tous ces numéros.

La logeuse ne peut pas dire grand-chose : la jeune Française habitait seule ce studio du quartier de Chelsea depuis bientôt deux ans. Lors de son arrivée de France, elle avait alors dix-sept ans. Elle disait avoir commencé par travailler au pair dans une famille londonienne, puis en avoir eu assez.

Très vite, la petite Française, de dix-sept ans aux cheveux courts et bruns, assez jolie mais discrète, s'était transformée de façon spectaculaire. Elle avait trouvé une place « d'hôtesse » dans un club londonien. Elle avait décoloré ses cheveux, les avait crêpés dans le style « afro », s'était mise à porter des boucles d'oreilles interminables et des minijupes encore plus courtes, si possible, que la plupart des jeunes Londoniennes...

Pour compléter son personnage, elle dessinait des soleils autour de ses yeux, avec un crayon à maquillage d'un vert brillant... Ses paupières étaient entièrement recouvertes de ce vert étincelant souligné de noir, et les rayons partaient tout autour. Dany recevait, ainsi parée, de nombreux hommes, jamais les mêmes.

Pourtant, un jeune homme venait un peu plus souvent que les autres. Il avait les cheveux longs, il portait une de ces tuniques rouges de militaires d'un autre siècle, à brandebourgs, et un chapeau à plumes... En 1967, à Londres, ce n'est pas un signalement. Mais la logeuse dit qu'il parlait français, et pour la police c'est mieux que rien.

L'inspecteur Bailey fait donc rechercher, dans ce quartier de Londres fréquenté par les hippies, un jeune Français répondant à ce signalement. En même temps, il fait relever toutes les empreintes digitales figurant sur les photographies de Dany et trouvées éparpillées sur le canapé, près de son corps... Très vite, le laboratoire de Scotland Yard trouve de nombreuses empreintes du même homme, parfaitement visibles sur le papier glacé. Malheureusement, ces empreintes ne figurent pas au sommier de la police britannique.

Trois jours après le crime, le jeune Français aux cheveux longs et à la tunique rouge est amené dans le bureau de l'inspecteur Bailey.

Il s'appelle Jean-Paul Delard, il a dix-huit ans, et il joue de la guitare dans la rue. Selon l'expression consacrée, il « fait la manche ». C'est l'un de ces adolescents qui ont fui leur famille, en France, pour venir « vivre leur vie » dans cette « Mecque » de la libération sexuelle, musicale et vestimentaire qu'est devenu Londres en un an... Libération par la drogue aussi, ce qui est plus discutable.

Jean-Paul Delard a dans les poches de sa tunique rouge à brandebourgs, style opérette, plusieurs doses de hachisch. C'est un garçon maigre comme un clou, avec des moustaches et une « mouche » à la d'Artagnan. Il porte d'ailleurs un chapeau de mousquetaire avec un panache.

Les indicateurs de la police infiltrés dans le milieu hippie signalent qu'il se fait appeler « rabbit », c'est-à-dire « le lapin ». Parce que sous ses longs cheveux il cache de grandes oreilles très écartées. Très vite, il admet qu'il connaissait Dany. Mais il affirme ne pas l'avoir tuée. Il n'était même pas son amant ! Dany était « trop chère » pour lui !... Elle n'accordait ses faveurs qu'à ceux qui en avaient les moyens.

Elle se donnait des airs de hippie, mais de hippie de luxe pour vieux messieurs !

Le « lapin » était son ami, seulement parce qu'il était français, il n'avait pas les moyens de payer ses faveurs... Par la même occasion, l'inspecteur Bailey apprend, ce qui ne l'étonne nullement, que Dany fumait du hachisch. C'est le d'Artagnan à la tunique rouge qui lui fournissait ses doses : 1 livre anglaise le sachet, soit 14 francs nouveaux. Il ne s'en cache pas. Mais il nie avoir tué Dany. Et ses empreintes, il est vrai, ne sont pas celles qui ont été relevées sur les photographies.

L'inspecteur Bailey ne peut rien contre lui. D'ailleurs, le jeune homme lui fait l'effet d'être innocent. Certes, il fournissait de « l'herbe », comme il dit, à la malheureuse Dany. Mais il a l'air sincère quand il dit :

« Si vous voulez mon avis, l'assassin de Dany n'est pas un hippie ! Nous sommes pour la non-violence. Cherchez plutôt dans le milieu bourgeois ! »

Soucieux de montrer qu'il veut collaborer avec la police, le « lapin » aux cheveux longs parle abondamment de Dany :

« Elle voulait devenir cover-girl. Une vraie,

une vedette ! Elle prétendait qu'elle portait la minijupe la plus courte de Londres : c'était pour se faire remarquer à tout prix. D'ailleurs, elle était en train d'y réussir ! Elle venait d'être filmée par la Télévision britannique et devait être présentée comme la « reine de Chelsea » !... »

Avec une certaine amertume, qui semble prouver qu'il était plus amoureux de Dany qu'il ne veut bien l'avouer, le « d'Artagnan » à la guitare dit encore à l'inspecteur Bailey :

« Allez donc voir du côté du club où elle travaillait soi-disant comme hôtesse ! Là, vous verrez de faux hippies : des bourgeois qui viennent danser le jerk en pull-over de shetland ou de mohair : ils le portent en col roulé sous des smokings. Ils sont aussi déguisés que nous ! La différence, c'est que pour entrer il faut payer l'équivalent de 1 000 francs nouveaux en cotisation ! C'est peut-être là que vous trouverez l'homme aux empreintes digitales. Si vous dites qu'il a éparpillé les photographies sur le cadavre de Dany, avec toutes ses lettres d'amour, c'est sûrement qu'il était jaloux ! Drogué ou pas, il en était amoureux !... Et ça, si vous voulez mon avis, inspecteur, ce n'est pas une réaction de hippie ! C'est une réaction de bourgeois ! »

Ainsi parle le jeune homme efflanqué à la tunique rouge, avec la moustache, le chapeau de d'Artagnan et une guitare à la place d'épée. L'inspecteur Bailey, de Scotland Yard, pense qu'il a peut-être bien raison. De toute façon, il doit enquêter parmi les clients aisés de Dany aussi bien que dans le milieu hippie. Il est temps, pour l'inspecteur, d'aller voir du côté du club à la mode qui employait Dany. Son arrivée, en imperméable mastic et costume gris, y jette un froid parmi la clientèle : sporadiquement éclairées par des lumières « psychédéliques », de jeunes créatures en minijupes, genre hippies de luxe pour vieux messieurs, se déhanchent au rythme des jerks... La sonorisation est assourdissante. L'inspecteur Bailey n'y va pas par quatre chemins : il fait savoir au gérant du club qu'il veut connaître les clients riches de Dany. Surtout ceux qui ont pu la voir en dernier.

Le gérant, tunique dorée, cheveux bouclés sur les épaules, tente la défense classique :

« Que vous dire, monsieur l'inspecteur ? Dany n'était qu'une hôtesse ! Je n'avais pas à connaître sa vie privée ! »

L'inspecteur-chef Bailey est un Anglais à l'ancienne mode, digne, cinquante-huit ans, père de trois enfants, mais il coupe court immédiatement :

« Écoutez, mon vieux... Cette jeune Française n'avait pas dix-huit ans quand vous l'avez engagée comme « hôtesse », comme vous dites, dans votre club. Elle était mineure, elle se droguait et elle a été assassinée alors que son père la croyait dans une famille au pair. Il est en droit de porter plainte contre vous. Et mes collègues de la brigade des mineurs sont en droit de faire fermer votre club. C'est d'ailleurs ce qui vous pend au nez si vous ne me signalez pas immédiatement les clients de Dany. De toute façon, j'ai son carnet d'adresses. Alors, vous allez nous faire gagner du temps, ou bien je vous coffre. »

Une minute plus tard, l'inspecteur constate que parmi les « clients » de Dany figuraient des banquiers, des industriels et des fils de familles connues. Tous des hommes capables de payer une cotisation de 70 livres, environ 1 000 francs nouveaux de 1967, pour faire partie de ce club très sélect. Le gérant lui fournit aussi des renseignements sur la plupart des prénoms ou des initiales figurant dans le carnet de Dany, en face des numéros de téléphone. Arrivé à la lettre W, l'inspecteur demande :

« Qui est ce Peter W ? »

Le gérant hésite un peu, puis répond :

« Celui-là ? C'est un jeune ! Peter Withman. Le numéro est celui de l'hôtel où il descend à Londres. Cela me fait penser qu'on ne l'a plus vu depuis... la veille de la mort de Dany ! Mais ce n'est sûrement pas lui ! C'est le fils d'un milliardaire ! Vous n'y pensez pas ! »

L'inspecteur Bailey ne pense rien : il téléphone aussitôt à l'hôtel. Peter Withman a libéré sa chambre le 21 septembre, le matin même où la logeuse a trouvé Dany étranglée.

Un quart d'heure plus tard, la police de

l'aéroport confirme : le dénommé Peter Withman, sujet américain, a pris l'avion pour New York le 21 septembre.

Alors Interpol entre en jeu, et Peter Withman est retrouvé en quarante-huit heures. Il faut dire qu'il ne se cache pas. Plus exactement, il ne cache pas l'adresse où il se cache.

Dès son arrivée à New York, il a pris un autre avion pour Los Angeles. Et là, sur sa demande, il s'est fait interner dans une clinique psychiatrique pour milliardaires en dépression nerveuse.

Peter Withman a vingt-cinq ans. Il est le fils d'un des plus importants agents immobiliers de Californie. Il est très grand, très beau garçon, il mesure 1,97 m. Jusqu'à présent, tout lui a souri dans la vie. Il passait son temps en voyages à Londres, à Paris, sur la Côte d'Azur. Le 22 septembre, à son arrivée à Los Angeles, il est apparu à ses parents dans un état d'excitation extrême. Il n'a rien voulu dire. Il a simplement parlé de « dépression nerveuse ». Et il s'est fait interner dans cette clinique de Hartford, deux fois plus chère qu'un « quatre étoiles de luxe », où défilent les vedettes de Hollywood, les personnalités mondaines, et les avocats célèbres ! En fait, c'est une clinique de désintoxication pour milliardaires drogués ou alcooliques.

Provisoirement, Peter Withman y est à l'abri de la justice !... Car cette « pension psychiatrique », où l'on se fait toujours interner volontairement, dispose de médecins psychiatres. Et ces médecins, bien entendu, interdisent la sortie de Peter : il n'est pas en « état » de comparaître devant des policiers pour un interrogatoire !

Il faut six mois à la justice anglaise pour obtenir que Peter Withman soit enfin extirpé de sa forteresse psychiatrique et entendu par un juge américain. Celui-ci lui demande s'il accepte librement de donner ses empreintes digitales. Et ce grand et beau garçon, taillé comme un joueur de basket, passe immédiatement aux aveux. Mais ce sont des aveux concertés, lus devant lui par son avocat !

Avant même que ses empreintes soient comparées avec celles qui ont été relevées sur les photographies de Dany éparpillées autour du cadavre, voici ce que déclare Peter Withman par écrit :

« C'est moi, « sans doute », qui ai tué Dany Sauvan, dans la nuit du 21 septembre 1967, à Londres, dans son studio. Je précise : « sans doute », car je n'en ai pas eu conscience. Si c'est bien moi, je déclare ne pas en être volontairement responsable. Voici ce qui s'est passé : J'avais rencontré Dany Sauvan au club où elle travaille. Elle était très jolie, elle dansait très bien. A la fermeture du club, nous sommes partis ensemble... Nous nous sommes retrouvés dans son studio. Elle m'a proposé alors de prendre une dose de drogue. Elle m'a dit qu'elle ne m'appartiendrait pas si je refusais. J'ai demandé si c'était une « drogue dure »... Elle m'a répondu que c'était un comprimé de STP : une drogue « bien meilleure », selon elle, que le LSD. Elle m'a dit : « Ça ne laisse pas de séquelles comme le LSD, « et tu te sentiras comme un archange qui « plane ! Tu verras, c'est merveilleux. »

« J'ai pris le comprimé. Dany avait éparpillé sur son canapé, par jeu, toutes ses photographies et toutes les lettres des hommes avec qui elle avait des relations. Il y en avait des dizaines et des dizaines. Elle riait de les voir. »

Et c'est ici, à partir de ce passage, que la « confession » de Peter, dictée par son avocat, l'innocente complètement du crime d'assassinat :

« Soudain, le cachet a dû faire son effet : je me suis senti devenir une série de secousses électriques, lancées en lignes horizontales parallèles ! Je ne pouvais plus rien contrôler. Je me suis senti lancé dans l'espace ! La terre s'est ouverte sous mes pieds quand je suis retombé ! C'est alors que tout au fond de la terre je me suis retrouvé dans un antre de serpents monstrueux ! C'étaient d'énormes monstres préhistoriques, couverts d'écailles, et qui crachaient le feu. Ils allaient me détruire ! J'ai saisi le plus gros à la gorge, et j'ai serré, j'ai serré, et puis j'ai cogné ! Malgré le feu qu'il me crachait dans la figure ! Je sentais que je luttais pour ma vie ! »

Fin de citation.

Quand Peter Withman est revenu, le lendemain matin, de son « voyage aux enfers », il s'est réveillé couvert de sueur, à côté du cadavre de Dany sur le canapé. Son visage était marqué de coups, elle avait été étranglée. Alors, il a quitté précipitamment l'appartement, il est repassé prendre sa valise à son hôtel et s'est embarqué sur le premier avion pour les États-Unis ! Là, il s'est fait volontairement interner dans cette clinique psychiatrique de grand luxe pour se faire désintoxiquer.

Tels furent, au mot près, les aveux écrits de Peter Withman auxquels il refusa d'ajouter un mot, son avocat se contentant de préciser :

« Nous plaiderons non coupable, pour irresponsabilité ! »

Peter Withman fut extradé en Angleterre et jugé à Londres le 8 octobre 1968. Il s'en tint à ce système de défense.

Mais l'inspecteur Bailey garda l'impression que la vérité n'était pas là : les soixante photographies de Dany et les deux cents lettres de ses admirateurs, étalées autour de son corps par Peter, faisaient plutôt penser à une scène violente, inspirée par la jalousie.

D'autre part, selon le petit « d'Artagnan » aux longues oreilles, le petit Français ami de Dany, qui lui fournissait son hachisch, celle-ci refusait toujours de prendre des drogues plus dures.

Personne ne put jamais vérifier que Dany avait fait prendre à Peter une dose de ce STP, drogue plus puissante que le LSD. Mais la description du « voyage » de Peter par lui-même, les serpents qui crachaient du feu dans les entrailles de la terre et qu'il lui fallait étrangler, tout cela a convaincu les jurés anglais.

Si Peter Withman avait plaidé le meurtre par jalousie, il eût été condamné à une peine de réclusion criminelle. Au lieu de cela, il s'en tira avec six ans de prison pour homicide involontaire, sous l'empire de la drogue.

Selon que vous serez... riche et drogué ou pauvre et raisonnable, les jugements de cour vous rendront noir... ou presque blanc.

TABLE

Le cycliste appuyé sur un coude	15
« Des roses tombées du ciel »	30
Non, merci... je ne fume pas	44
Je savais que vous viendriez	59
Do not disturb	73
Le duc de La Marmoutière	88
Un standard à Bora-Bora	101
Le premier gros « client » d'Interpol	116
Sophie, Raspoutine grecque	132
Une bavure	144
Le chat de la voisine	158
La lime à ongles	173
Les trente suspects	188
Vraiment c'était un accident	204
Le ventre mou du petit industriel de fer	219
La véritable histoire du petit homme à la voiture en or	233
La girl en pyjama japonais	249
Les serpents qui crachaient du feu	263

OUVRAGES DES MÊMES AUTEURS

Les Dossiers extraordinaires de Pierre Bellemare, 1976
    (Librairie Arthème Fayard).
Les Nouveaux Dossiers extraordinaires de Pierre Bellemare, 1977
    (Librairie Arthème Fayard).
Les Aventuriers, 1978 (Librairie Arthème Fayard).
Les Aventuriers, *nouvelle série*, 1978 (Librairie Arthème Fayard).
Les Dossiers d'Interpol, 1979 (Édition n° 1).
Les Dossiers d'Interpol II, 1979 (Édition n° 1).
Histoires vraies I, 1981 (Édition n° 1).
Histoires vraies II, 1981 (Édition n° 1).
C'est arrivé un jour, I, 1982 (Édition n° 1).
C'est arrivé un jour, II, 1982 (Édition n° 1).

Le Livre de Poche policier

Andreota (Paul).
Zigzags, 4940/0**.
La Pieuvre, 4949/1**.

Asimov (Isaac).
Une bouffée de mort, 5198/4**.

Blond (Georges).
L'Ange de la rivière morte, 5175/2***.
L'Assassin est resté à bord, 5402/0***.

Boileau-Narcejac.
Arsène Lupin : Le Secret d'Eunerville, 4098/7**.
Opération Primevère, 4812/1**.
... Et mon tout est un homme, 5123/2**.
La Poudrière, 5224/8**.

Bommart (Jean).
Bataille pour Arkhangelsk, 2792/7**.
Le Poisson chinois et l'homme sans nom, 3946/8*.
Monsieur Scrupule gangster, 4209/6**.

Breslin (Jimmy).
Le Gang des cafouilleux, 3491/5**.

Buchan (John).
Le Camp du matin, 3212/5***.

Carr (John Dickson).
Le Sphinx endormi, 5133/1**.

Charteris (Leslie).
Le Saint contre Teal, 3255/4*.
Les Anges appellent le Saint, 4164/7**.
Le Saint se bat contre un fantôme, 4188/6*.
Le Saint refuse une couronne, 4208/2*.
Le Saint au carnaval de Rio, 4849/3**.
Le Saint et le collier des Habsbourg, 5045/7**.
Le Saint devient nourrice sèche, 5171/1**.
Le Saint chasse la blonde, 5296/6**.

Christie (Agatha).
Le Meurtre de Roger Ackroyd, 617/8***.
Dix Petits Nègres, 954/5***.
Meurtre en Mésopotamie, 4716/4**.
Cinq Petits Cochons, 4800/6**.
La Mystérieuse affaire de Styles, 4905/3**.
Meurtre au champagne, 5008/5**.
Les Sept Cadrans, 5081/2**.
L'Affaire Prothero, 5145/5**.
Mister Brown, 5245/3**.
Le Train bleu, 5291/7**.
L'Homme au complet marron, 5374/1**.
Le Couteau sur la nuque, 5419/4**

Conan Doyle (Sir Arthur).
Etude en Rouge suivi de Le Signe des Quatre, 885/1***.
Les Aventures de Sherlock Holmes, 1070/9****.
Souvenirs de Sherlock Holmes, 1238/2****.
Résurrection de Sherlock Holmes, 1322/4***.
La Vallée de la peur, 1433/9**.
Archives sur Sherlock Holmes, 1546/8***.
Le Chien des Baskerville, 1630/0**.
Son dernier coup d'archet, 2019/5**.

Conan Doyle (A.) et Carr (J. D.).
Les Exploits de Sherlock Holmes, 2423/9**.

Decrest (Jacques).
Les Trois jeunes filles de Vienne, 1466/7**.

Deighton (Len).
Ipcress, danger immédiat, 2202/7**.
Neige sous l'eau, 3566/4**.

Exbrayat (Charles).
La Nuit de Santa Cruz, 1434/7**.
Olé !... Torero ! 1667/2*.
Vous manquez de tenue, Archibald ! 2377/7*.
Les Messieurs de Delft, 2478/3*.
Les Filles de Folignazzaro, 2658/0*.
Des filles si tranquilles, 3596/1*.
Le Clan Morembert, 4008/6*.
Pour ses beaux yeux, 4110/0**.
Vous souvenez-vous de Paco ? 4766/9**
Une brune aux yeux bleus, 4810/5**.

Elle avait trop de mémoire, 4884/0*.
Chewing-gum et spaghetti, 5032/5**.
Ce mort que nul n'aimait, 5089/5**.
Ne vous fâchez pas, Imogène ! 5160/4**.
Chant funèbre pour un gitan, 5255/2*.
Un joli petit coin pour mourir, 5302/2*.

Goodis (David).
La Police est accusée, 4226/4*.

Hardwick (Michael et Mollie).
La Vie privée de Sherlock Holmes, 3195/5**.

Hitchcock (Alfred).
Histoires à ne pas lire la nuit, 1983/3***.
Histoires à faire peur, 2203/5**.

Irish (William).
Tous les coups sont permis, 5033/3**.

Leblanc (Maurice).
Arsène Lupin, gentleman cambrioleur, 843/0**.
Arsène Lupin contre Herlock Sholmes, 999/0***.
La Comtesse de Cagliostro, 1214/3***.
L'Aiguille creuse, 1352/1**.
Les Confidences d'Arsène Lupin, 1400/1**.
Le Bouchon de cristal, 1567/4***.
Huit cent treize (813), 1655/7****.
Les 8 coups de l'horloge, 1971/8**.
La Demoiselle aux yeux verts, 2123/5**.
La Barre-y-va, 2272/0*.
Le Triangle d'Or, 2391/8**.
L'Ile aux 30 cercueils, 2694/5***.
Les Dents du Tigre, 2695/2****.
La Demeure mystérieuse, 2732/3***.
L'Eclat d'obus, 2756/2***.
L'Agence Barnett et Cie, 2869/3*.
La Femme aux deux sourires, 3226/5***.
Victor, de la Brigade mondaine, 3278/6***.
La Cagliostro se venge, 3698/5**.
Dorothée, danseuse de corde, 5298/2***.

Leroux (Gaston).
Le Fantôme de l'Opéra, 509/7****.
Le Mystère de la Chambre Jaune, 547/7***.
Le Parfum de la Dame en noir, 587/3***.
Rouletabille chez le Tsar, 858/8***.
Le Fauteuil hanté, 1591/4*.
Le Château noir, 3506/0***.
Les Etranges Noces de Rouletabille, 3661/3**.
Rouletabille chez les Bohémiens, 4184/5****.
Le Crime de Rouletabille, 4821/2**.
La Poupée sanglante,
t. 1 : 4726/3** ; t. 2 : La Machine à assassiner, 4727/1**.

LES AVENTURES DE CHERI-BIBI :
1. Les Cages flottantes, 4088/8***.
2. Chéri-Bibi et Cécily, 4089/6***.
3. Palas et Chéri-Bibi, 4090/4***.
4. Fatalitas ! 4091/2***.
5. Le coup d'Etat de Chéri-Bibi, 4092/0***.

MacCoy (Horace).
Black mask stories, 4175/3**.

Macdonald (Ross).
L'Homme clandestin, 3516/9**.

Montellhet (Hubert).
Les Mantes religieuses, 4770/1*.
Les Bourreaux de Cupidon, 5174/5*.

Nord (Pierre).
Le Kawass d'Ankara, 3992/2**.
Mystifications cubaines, 4152/2***.

O'Donnell (Peter).
Modesty Blaise, 5184/4****.

Salva (Pierre).
Copie confuse, 5312/1**.

Sayers (Dorothy).
Lord Peter et l'inconnu, 978/4*.
Les Pièces du dossier, 1668/0**.
Lord Peter et le mort du 18 juin, 5112/5***.

Simmel (Johannès Mario).
On n'a pas toujours du caviar, 3362/8***.

Spillane (Mickey).
J'aurai ta peau, 3851/0**.
Fallait pas commencer, 3854/4**.
Dans un fauteuil, 3855/1**.
En quatrième vitesse, 3857/7**.
Le Serpent, 4801/4**.

Baroud solo. 4895/6**.
Un tigre dans votre manche, 4937/6**.
L'Irlandais haut le pied, 4945/9*.
Corrida à l'O.N.U., 4925/1**.
Steeman (S.-A.).
L'Ennemi sans visage, 2697/8*.
Le Condamné meurt à cinq heures, 2820/6*.
Poker d'enfer, 3403/0*.

Le Démon de Sainte-Croix, 3627/4**.
Tanugi (Gilbert).
Le Canal rouge, 4840/2*.
Crazy Capo, 5194/3*.
Qui m'a tuée ?, 5223/0*.
Thomas (L.-C.).
Malencontre, 5019/2*.
Vadim (Roger) présente :
Histoires de vampires, 3198/6**.

Composition réalisée par C.M.L. - MONTROUGE

IMPRIMÉ EN FRANCE PAR BRODARD ET TAUPIN
7, bd Romain-Rolland - Montrouge - Usine de La Flèche.
LIBRAIRIE GÉNÉRALE FRANÇAISE - 14, rue de l'Ancienne-Comédie - Paris.
ISBN : 2 - 253 - 02833 - 9

30/5582/9